El imperio de los otros datos

El imperio de los otros datos

Tres años de falsedades y engaños desde Palacio

LUIS ESTRADA

Grijalbo

320.97
E82
Spa

El papel utilizado para la impresión de este libro ha sido fabricado a partir de madera
procedente de bosques y plantaciones gestionadas con los más altos estándares ambientales,
garantizando una explotación de los recursos sostenible con el medio ambiente y beneficiosa para las personas.

Penguin
Random House
Grupo Editorial

El imperio de los otros datos
Tres años de falsedades y engaños desde Palacio

Primera edición: marzo, 2022

D. R. © 2021, Luis Estrada

D. R. © 2022, derechos de edición mundiales en lengua castellana:
Penguin Random House Grupo Editorial, S. A. de C. V.
Blvd. Miguel de Cervantes Saavedra núm. 301, 1er piso,
colonia Granada, alcaldía Miguel Hidalgo, C. P. 11520,
Ciudad de México

penguinlibros.com

ISBN: 978-607-381-210-8

Impreso en México – *Printed in Mexico*

Índice

Introducción 9

1. La comunicación política de los líderes populistas............... 15
2. Objetivos y alcances de las conferencias de prensa
   en retrospectiva histórica y perspectiva comparada.............. 35
3. La dinámica de las conferencias de prensa de AMLO:
   reporteras, reporteros, tiempos de respuesta y eventos
   protocolarios.. 51
4. Radiografía de gobierno: frases y palabras frecuentes.......... 79
5. Implicaciones de las conferencias de prensa de AMLO:
   audiencia, establecimiento de la agenda y medios
   de comunicación... 107
6. Afirmaciones no verdaderas: promesas, compromisos,
   no comprobables y falsas (comparación con
   Donald Trump)... 125
7. Pandemia covid-19. La multiplicación de las conferencias
   de prensa... 143

8. Implicaciones económicas y de empleo,
   cifras y recuperación 159
9. Elecciones y ajustes poselectorales de AMLO 179

Conclusión. El *priming* de AMLO 203
Bibliografía 215
Agradecimientos 229

Introducción

La noche de las elecciones presidenciales de 2006 el entonces candidato derrotado, Andrés Manuel López Obrador (AMLO), afirmó, sin pruebas, que había ocurrido un fraude en el conteo de los votos, y que el sistema electrónico de resultados preliminares contenía un "algoritmo" que modificaba las cifras capturadas por las y los ciudadanos que sirvieron como voluntarios para contar los votos. En los meses posteriores académicos de la Universidad Nacional Autónoma de México (UNAM) y simpatizantes de López Obrador intentaron demostrar, sin éxito, las afirmaciones de la existencia de fraude, exigiendo que se violara la ley y se hiciera un recuento total a mano. Al no encontrarse la evidencia del fraude, las autoridades electorales corroboraron el triunfo de Felipe Calderón, quien gobernó de 2006 a 2012, seguido de Enrique Peña Nieto, de 2012 a 2018. En su tercera elección consecutiva como candidato presidencial, AMLO fue electo presidente en 2018 con el mayor porcentaje que cualquier presidente haya obtenido en más de 30 años. En su biografía, publicada en el sitio oficial de la Presidencia de la República, se destaca, sin evidencia, que en la elección de 2006 se cometió fraude. En las conferencias de prensa que cada mañana lleva a cabo desde el Palacio Nacional, el presidente ha mencionado 170 veces el fraude de 2006, sin que haya mostrado aún alguna evidencia.

López Obrador es el primer jefe de Estado y de gobierno, presidente o primer ministro en la historia, y único hasta el momento, que lleva a cabo conferencias diarias. De lunes a viernes, y en ocasiones en fines de semana, a las siete de la mañana desde el Palacio Nacional, junto a la bandera y el escudo nacionales, el presidente utiliza tiempo y recursos públicos en la que varias veces es la única actividad en su agenda pública. En tres años de gobierno las más de 700 conferencias de prensa han promediado casi dos horas, y los medios de comunicación asisten para dar cuenta de lo que él declara cada mañana. Los videos y las versiones estenográficas son públicos, y dan cuenta de quién asiste y qué se dice, y fragmentos de ambos son replicados en las redes sociales, como noticias y como memes.

Dentro de un ciclo noticioso permanente generado por las redes sociales, es contraintuitivo establecer la agenda temprano por la mañana. Más aún, esperar que en la hora más ocupada del día la gente tome dos horas para escuchar lo que dice el presidente es ingenuo. Aun así, López Obrador lleva a cabo sus conferencias de prensa después de una reunión diaria, que afirma que se lleva a cabo una hora antes. Afirma, también, que las conferencias son vistas diariamente por millones de personas, sin que al momento haya mostrado evidencia de ello. Ni del fraude de 2006 ni de la audiencia de las conferencias en 2021. El presidente acumula cerca de 67 000 afirmaciones falsas, engañosas o que no puede probar, en la primera mitad de su administración, un promedio de 90 diarias.

Desde el inicio de las conferencias de prensa nos dimos cuenta en SPIN-Taller de Comunicación Política, la firma de consultoría en comunicación estratégica, manejo de crisis y análisis político que dirijo, de que las preguntas no eran contestadas y que el presidente improvisaba y no estaba preparado para los cuestionamientos de las y los reporteros, que cada día tenían que desmañanarse para asegurar un asiento. También notamos que las preguntas eran escogidas con base en el único criterio de sentarse en la primera fila, aunque siempre se sentaban los mismos, quienes no representaban a los medios de comunicación serios, con audiencia y anunciantes. La novedad y la audacia de las conferencias diarias, pero sobre todo la desinformación generada por las declaraciones del presidente López Obrador, quien es el principal vocero de su gobierno, eran evidentes, y por ello decidimos darle un seguimiento cuantitativo a lo que se comunica cada mañana desde el Palacio Nacional.

En SPIN monitoreamos las conferencias de prensa, contando su duración, las palabras más frecuentes, las y los asistentes y sus participaciones, los eventos protocolarios, las afirmaciones falsas, engañosas y no comprobables, las referencias a las y los demás actores políticos, y las veces que se han llevado a cabo fuera de la Ciudad de México, entre otros datos.

11

A través de una infografía quincenal damos cuenta de los datos más relevantes, que han sido retomados por los diarios más importantes, y nuestro equipo ha sido entrevistado por la mayoría de los medios de comunicación, nacionales y extranjeros. La percepción sobre las conferencias diarias de López Obrador ha sido marcada por nuestras cifras, y el criterio con el que evalúan diversos actores la comunicación del gobierno ha sido normado por nuestro análisis. La información que obtenemos y analizamos es pública, y cualquiera puede llegar a nuestras mismas conclusiones. Nuestro análisis de las conferencias se basa en las propias palabras del presidente.

El presente libro enumera las diversas cifras de todas las conferencias de prensa, de lunes a viernes desde el Palacio Nacional, que se han llevado a cabo durante los primeros tres años del gobierno de AMLO. Asimismo, interpreta las implicaciones que, desde el punto de vista de la comunicación, tienen en los ámbitos político, económico y social de la vida pública de México y su entorno internacional. Aunque las conferencias diarias sean novedosas, el ejercicio de comunicar permanentemente no es nuevo, ya que otros presidentes lo han hecho a través de diversas herramientas, desde la publicación continua en las redes sociales, hasta programas de entretenimiento por varias horas los fines de semana. La pregunta de investigación que nos intrigó desde el inicio en SPIN fue ¿en qué se diferencian las conferencias de López Obrador para que puedan llevarse a cabo todos los días?

A lo largo de los primeros tres años de gobierno de AMLO hemos ido descubriendo las características que hacen únicas sus conferencias de prensa, y que le permiten llevarlas a cabo todos los días, y que pronosticamos seguirán hasta el último día de su administración. Más aún, con lo analizado hasta el momento, observamos desde SPIN que fácilmente cualquiera podría dar conferencias como las del presidente, si se tienen controlados todos los factores, desde quién entra y quién no, quién pregunta y cuáles son los cuestionamientos, hasta cambiar las versiones, los plazos, y responder con afirmaciones que no se pueden probar y, en el último de los casos, responder que el gobierno cuenta con datos diferentes, incluso a los oficiales publicados por el mismo gobierno. En todo caso, las conferencias que no son instrumentos de propaganda no cuentan con ninguna de estas facilidades. Quizá por ello, cuando ha salido de gira fuera de México, AMLO ha evitado dar conferencias de prensa.

La sistematización que llevamos a cabo en SPIN sobre las características y el contenido de las conferencias permite a diferentes actores políticos, periodistas, líderes de opinión, quien esté interesado en el tema, e incluso a las y los propios funcionarios del gobierno observar, analizar y opinar, con cifras, sobre la comunicación de la denominada "Cuarta Transformación". Más aún, a quienes estamos interesados en la comunicación estratégica, en el manejo de crisis y el control de daños, y en la imagen pública, el análisis sistemático de SPIN revela, lejos de dudas, lo que se debe hacer y lo que no se debe hacer para comunicar efectivamente y posicionarse favorablemente en la opinión pública.

El libro se desarrolla de la siguiente manera: comienza desde un análisis de política comparada para ubicar la trascendencia y el impacto de llevar a cabo conferencias de prensa cada día, en comparación con el uso de otras herramientas de comunicación por parte de mandatarios en otros países. Posteriormente analiza las cifras más importantes que describen las conferencias de prensa del presidente López Obrador, lo que muestra las prioridades y las afirmaciones que comunican las acciones de gobierno. El análisis de las afirmaciones falsas, engañosas o no comprobables demuestra la intención real del contenido de las conferencias. Por último, revisa los cambios y ajustes que ha experimentado ese ejercicio, en especial antes y después de las elecciones intermedias de julio de 2021.

El enfoque científico ante las discusiones públicas requiere de información sistemática y mensurable, además de análisis replicables con explicaciones sencillas. El objetivo del análisis de SPIN de las conferencias de prensa del presidente López Obrador es poner a disposición de quienes estén interesados en la comunicación gubernamental las características y el contenido de la herramienta favorita del gobierno a través de su vocero principal, y para quienes estén interesados en la comunicación estratégica una lista didáctica de ejemplos de aciertos y errores. A fin de cuentas es, en palabras del presidente, desde donde los "otros datos" adquieren la verdadera y única interpretación.

1

La comunicación política
de los líderes populistas

Una de las promesas de la tercera campaña de Andrés Manuel López Obrador (AMLO) como candidato presidencial fue que informaría, todos los días, al pueblo de México. Así, actualmente se encuentra repitiendo el ejercicio diario que tanta visibilidad le generó como jefe de Gobierno del Distrito Federal de 2000 a 2005, cuando desde el Palacio de Gobierno citaba a las reporteras y los reporteros de la fuente por las mañanas para platicar de política criticando al gobierno del presidente Vicente Fox. Lejos de revisar los avances de su gobierno, las conferencias de prensa del entonces jefe de Gobierno López Obrador cumplían un objetivo: establecer los términos del debate desde la capital del país frente al puesto al que aspiraba: la presidencia de la República.

Para algunos, el éxito de las conferencias de prensa desde la Jefatura de Gobierno se puede atribuir a dos factores principales. Por una parte, el ciclo mediático de los medios tradicionales, en el que los periódicos impresos marcaban los tiempos de duración de las noticias y establecían la agenda diaria, desde temprano, a los medios electrónicos, incluyendo radio y televisión (actualmente, gracias a internet y las redes sociales el ciclo noticioso es permanente). Por otra parte, el contraste con el modelo de comunicación del presidente Fox, quien utilizó a un vocero que atajaba, diariamente, los comentarios del jefe de Gobierno y colocó al gobierno federal como seguidor del gobierno del entonces Distrito Federal, al menos entre los medios de comunicación.

La aparición diaria de Andrés Manuel López Obrador como jefe de Gobierno frente a los medios de comunicación fue una herramienta de campaña rumbo a las elecciones presidenciales. El reconocimiento de su nombre entre los actores políticos únicamente se equiparaba con el del presidente Fox. Más aún, los temas de los que conversaba con los representantes de los medios de comunicación permitían generar el conflicto que se requería para que lo que se dijera en las mañanas fuera noticia durante todo el día, dando de qué hablar entre los actores políticos, quienes reaccionaban a las preguntas de las reporteras y los reporteros que buscaban posicionamientos ante lo que mencionara López Obrador.

A pesar de la visibilidad obtenida durante las conferencias de prensa desde la tribuna del Distrito Federal, AMLO no tuvo el mismo impacto desde sus candidaturas, durante las campañas y entre elecciones. Los mensajes del candidato López Obrador se mostraron repetitivos, y quizá por ello poco noticiosos. Ante su ausencia en los medios de comunicación, denunció censura y veto de los mismos, a pesar de aparecer en diversas plataformas y frente a diversos espacios noticiosos. Lo que no controlaba, desafortunadamente, era el sustento de sus afirmaciones, incluyendo el supuesto fraude en la elección presidencial de 2006, por lo que recurrió a acciones de movilización para atraer la atención de la opinión pública, argumentando que "la mafia le robó la presidencia" y proclamándose "presidente legítimo de México". Incluso la falta de sustento del contenido de los libros con diversos temas publicados por López Obrador reforzó la percepción de que lo que afirmaba no era creíble, lo que impedía a los medios serios, con audiencia y con anunciantes, publicar los dichos del candidato.

Desde la presidencia, Andrés Manuel López Obrador ha llevado a cabo, de lunes a viernes a las siete de la mañana, más de 740 conferencias de prensa,[1] convocando a los medios de comunicación al Palacio Nacional. En su calidad de jefe de Estado y jefe de gobierno, comunica sus mensajes desde un atril con el escudo nacional al frente, junto a la bandera nacional, utilizando recursos públicos. No obstante, sus conferencias de prensa diarias son un ejercicio de comunicación política poco usual. Ningún gobernante, ya sea jefe de Estado o jefe de gobierno, nacional o estatal, atiende preguntas y respuestas de los medios de comunicación cada día. Si bien puede existir contacto cotidiano de las reporteras, los reporteros y corresponsales con los gobernantes, no existe en sus agendas un espacio predeterminado que se dedique a contestar preguntas de los medios de comunicación de forma personal. En el mejor de los casos, los medios de comunicación suelen tener una sesión breve con los voceros, que sirve principalmente para aclarar algunos puntos sobre temas de coyuntura, no necesariamente para dar noticias demasiado relevantes.

Más aún, ningún gobernante ha llevado a cabo conferencias de prensa diarias. La exigencia de responder, en vivo y en directo, las preguntas de las y los representantes de los medios de comunicación requiere tiempo e información detallada, pero de eso no disponen, ni en abundancia ni de improviso, los políticos. Sin embargo, ciertos gobernantes priorizan el contacto con la ciudadanía a través de diversas herramientas de comunicación, de las cuales la conferencia de prensa es la menos recomendada si es que no se tiene un motivo específico para su realización.

Las conferencias de prensa son utilizadas para emitir mensajes especiales que necesiten la atención simultánea de los medios de comunicación y de la ciudadanía en general. Convocar frecuentemente a conferencias de prensa demerita el impacto noticioso que podría tener cada anuncio. Llevarlas a cabo diario va en contra de los objetivos de las conferencias de prensa que incluye, entre otros, emitir mensajes extraordinarios, manejar crisis o establecer la agenda sobre cierto tema en particular.

Debido a los riesgos por sobreexposición de los gobernantes a los posibles y variados cuestionamientos por parte de los medios de comunicación, las conferencias de prensa son eventos aislados. En algunos casos, las y los gobernantes han preferido eliminarlas por completo de su repertorio de las herramientas a su disposición, dejando el contacto con los medios de comunicación a los voceros o, mejor aún, utilizando las redes sociales, que permiten el contacto indirecto con la ciudadanía. Por ejemplo, Donald Trump, expresidente de Estados Unidos, evitó las conferencias de prensa, siendo el mandatario que convocó al menor número en comparación con sus predecesores. Si no hay nada favorable y de impacto noticioso que comunicar, entonces los líderes políticos se redirigen a otras instancias para mantener su contacto, como Twitter en el caso de Trump.

La comunicación constante de los líderes con la ciudadanía o el pueblo, como se quiera definir, es variada, pero no incluye a las conferencias de prensa. A pesar de la ausencia de antecedentes de las conferencias de prensa diarias por parte de un mandatario, la utilización de una herramienta de comunicación favorita no es nueva. Sin embargo, la comunicación de ciertos mandatarios con tendencia populista destaca por intensificar su cercanía con el pueblo mediante las herramientas de comunicación que les permitan, de acuerdo con sus propias ventajas al comunicar, la posibilidad de transmitir sus mensajes destacando acciones de gobierno, criticando a los contrincantes políticos y, en especial, desacreditando a los medios de comunicación con audiencia y anunciantes, es decir, aquellos que, actuando como vigilantes del gobierno, resulten incómodos al contradecir la narrativa oficial.

Un ejemplo recurrente sobre la comunicación de los mandatarios en medios de comunicación masiva comenzó con la radio. Posterior a los eventos de la crisis de la Gran Depresión económica de la primera mitad de la década de 1930, el presidente estadounidense Franklin D. Roosevelt dirigió mensajes nocturnos a la ciudadanía a través de la radio, conocidos como "conversaciones junto a la chimenea" (*fireside chats*), en los que, con sencillez y familiaridad, exponía las acciones de su gobierno y contrarrestaba las críticas de los medios de comunicación adversos ideológicamente. En su momento, la estrategia de comunicación del presidente Roosevelt fue considerada acertada y revolucionaria.

Posteriormente, la televisión aportó el poder de la imagen y la inmediatez de los eventos en vivo, lo cual revolucionó, entre otras cosas, la comunicación de los líderes políticos. Así, las conferencias de prensa se proyectaron como una herramienta poderosa al presentar a los políticos frente a la ciudadanía, a través de las preguntas de las y los representantes de los medios de comunicación. En más de un siglo las conferencias de prensa de los presidentes han modificado su formato, mostrando sus diversas ventajas y desventajas, al mismo tiempo que se han ajustado a los cambios tecnológicos en los diversos medios de comunicación. Fue hasta la mitad del siglo XX que las conferencias de prensa presentaron las características que observamos hoy: durante el mandato del presidente Dwight Eisenhower, de 1952 a 1960, comenzaron a registrarse públicamente este tipo de eventos ante los medios de comunicación —hasta ese momento las conferencias de prensa eran reuniones de algunos reporteros con el presidente y el intercambio era *off-the-record*—, y fue durante el mandato del presidente John F. Kennedy (1960-1963) que comenzaron a transmitirse por radio y televisión en vivo.

TABLA 1. **CONFERENCIAS DE PRENSA DE LOS PRESIDENTES EN ESTADOS UNIDOS, 1969-2021***

PRESIDENTE EN ESTADOS UNIDOS	CONFERENCIAS DE PRENSA
Dwight D. Eisenhower (1953-1961)	193
John F. Kennedy (1961-1963)	65
Lyndon B. Johnson (1963-1969)	135
Richard Nixon (1969-1974)	29
Gerald Ford (1974-1977)	36
James Carter (1977-1981)	52
Ronald Reagan (1981-1989)	15
George H.W. Bush (1989-1993)	89
William Clinton (1993-2001)	59
George W. Bush (2001-2009)	49
Barack Obama(2009-2017)	65
Donald Trump(2017-2021)	44

* Presidentes en la era de la televisión.
Fuente: https://www.presidency.ucsb.edu/statistics/data/presidential-news-conferences

El uso de Twitter como la herramienta preferida del presidente Donald Trump ha quedado como ejemplo de cómo un mandatario puede interactuar con la ciudadanía y, al mismo tiempo, dar de qué hablar en los medios de comunicación. Desde su cuenta personal de Twitter, dejando de lado la cuenta oficial del presidente de Estados Unidos (para no estar sujeto a las leyes de transparencia de información), Donald Trump atacó a diversos adversarios, opinó sobre el impacto de sus decretos, anunció sus intervenciones en los medios de comunicación e interactuó con periodistas, alabándolos si estaban del lado de su causa, o insultándolos si no estaban explícitamente de su lado. Mediante el uso de Twitter, Donald Trump mostró el efecto de uno de los sesgos más recurridos en la era de las redes sociales: el efecto de los medios de comunicación hostiles, por el que las personas perciben la cobertura mediática sesgada en su contra si no es explícitamente favorable, percepción que se agrava

EL IMPERIO DE LOS OTROS DATOS

conforme se fortalezca el partidismo de los individuos. La polarización y la desconfianza en los medios de comunicación por parte de ciertos grupos en la ciudadanía es consecuencia de la reiteración de opiniones basadas en el efecto de los medios de comunicación hostiles.

En Estados Unidos la pugna entre los reporteros y Donald Trump alcanzó tal tensión que dejó de lado las conferencias de prensa y calificó a los medios de comunicación tradicionales, que monitoreaban a detalle su desempeño, como promotores de noticias falsas. Posteriormente, rumbo al final de su administración y luego de su derrota en las urnas, siendo el tercero en los últimos 40 años en fracasar al pretender conseguir la reelección, argumentó un fraude que no demostró y llamó a la defensa del voto incluso con violencia, por lo que diversos medios de comunicación electrónicos, incluyendo radio y televisión, así como las redes sociales, dejaron de transmitir sus mensajes en vivo. La discusión posterior sobre si Trump fue censurado por los medios de comunicación abrió un debate sobre el impacto de la voz de los mandatarios y la evidencia que respalden sus afirmaciones.

Diversos líderes políticos han utilizado las conferencias de prensa para emitir mensajes especiales en los que buscan informar, simultáneamente y de viva voz, sobre diversos temas, aclarar aspectos relacionados con situaciones críticas e informar acciones de gobierno que resultarán trascendentales sobre el rumbo de sus países. El impacto y alcance de las conferencias de prensa las convierten en la más poderosa entre las diversas herramientas de comunicación, incluyendo boletines de prensa, entrevistas exclusivas o incluso las redes sociales, entre otras. La singularidad de las conferencias de prensa implica un manejo aislado y esporádico, sólo para emitir mensajes extraordinarios.

Más aún, el ritual de las conferencias de prensa también representa un duelo entre reporteras, reporteros y autoridades: al buscar controlar la información, las partes pueden ser agresivas, aunque saben que el rompimiento no conviene a ninguno; ambas necesitan que la información se difunda. El enfrentamiento derivado del deseo de controlar la información ha llevado a calificar a los representantes de la prensa como "perros vigilantes" (*watchdog press*), y a algunos políticos a mostrarse frágiles en público. Las conferencias de prensa relacionadas con el escándalo Watergate y la renuncia del presidente Richard Nixon son un caso paradigmático de la tensión entre la prensa y las autoridades.

En otros países, diversos mandatarios han utilizado las redes sociales para estar en contacto permanente con la ciudadanía. El presidente de Brasil, Jair Bolsonaro, utiliza las redes sociales como su principal herramienta de comunicación. Después de sufrir un atentado durante un mitin de campaña, Bolsonaro transmitió videos en Facebook Live para mantener al tanto de su estado de salud a sus seguidores y aprovechó para no asistir a los debates con los demás candidatos: desde ese momento, Facebook Live se convirtió en su principal herramienta de comunicación. Bolsonaro se posicionó en primer lugar del *ranking* de Líderes Mundiales en Facebook 2018 de la agencia BCW, pues su página registró un promedio de 100 000 interacciones por publicación del 1.º de marzo de 2018 al 28 de febrero de 2019. En comparación, Donald Trump registró alrededor de 53 000 interacciones por publicación, a pesar de contar con el doble de seguidores que Bolsonaro. Desde marzo de 2019 el presidente Bolsonaro transmite un video semanal por Facebook Live. No obstante, luego de la cancelación de las cuentas de Twitter y Facebook de Donald Trump, Bolsonaro también denunció censura por parte de las redes sociales hacia sus mensajes en Twitter y Facebook, por lo que incluso llamó a sus seguidores a mudarse de WhatsApp (perteneciente a Facebook) hacia la aplicación Telegram.

El dinamismo del ciclo noticioso ha propiciado que algunos gobernantes diseñen estrategias de comunicación como si estuvieran permanentemente en campaña. El extremo de la "presidencia plebiscitaria"[2] consiste en que los presidentes hagan uso intensivo de ciertas herramientas de comunicación para persuadir a la mayoría de los ciudadanos y consolidar proyectos políticos que les permitan reconfigurar las relaciones de poder existentes: así eliminan, en la medida de lo posible, las restricciones que les presentan las instituciones establecidas previo a su arribo al poder. Más aún, la comunicación política populista cuenta con tres características: utiliza frecuentemente o reinventa símbolos que permiten construir una identidad colectiva; dirige a través de la comunicación, antagonizando a las élites con el pueblo, utilizando un lenguaje sencillo y coloquial, y genera controversias a través de eventos mediáticos estratégicamente diseñados para reforzar la narrativa, siempre protagonizada por enemigos, reales o ficticios.[3] Tan sólo en Latinoamérica, Argentina, Bolivia, Brasil, Ecuador, México, Perú y Venezuela han experimentado el populismo mediático en algún momento del siglo XX.

Los antecedentes de la comunicación política populista de los mandatarios latinoamericanos con la ciudadanía se remontan a Getúlio Vargas en Brasil y Juan Domingo y Eva Perón en Argentina. En tiempos recientes quizá las dos mejores referencias son Hugo Chávez, expresidente de Venezuela, y Rafael Correa, expresidente de Ecuador. En todos los casos los mandatarios buscaron una aproximación directa con el pueblo, al que le comunicaban sus ideas y planes y le exponían sus campañas permanentes.

El contacto directo con la ciudadanía en el sigo XX fue potenciado por el presidente de Venezuela, Hugo Chávez, desde 1999. La estrategia de comunicación de Chávez constó de dos componentes: transmisiones en cadena nacional y la emisión del programa de radio y televisión *Aló Presidente*. En conjunto, la estrategia le permitió conectar con la ciudadanía venezolana, escuchar directamente sus necesidades y propiciar la polémica a través de ataques a la oposición y de referencias históricas constantes —en concreto a Simón Bolívar—. Desde el 23 de mayo de 1999, en 379 emisiones durante casi 13 años, el presidente Chávez transmitió semanalmente *Aló Presidente*, lo que le permitió consolidarse en la opinión pública al proyectarse como cercano al pueblo, haciendo frente a las élites.

A veces hasta por ocho horas continuas, una vez a la semana, a través de la televisión, en ocasiones desde distintos países, incluyendo Argentina, Bolivia, Brasil, Cuba, Guatemala y República Dominicana, e invitando a distintos integrantes de su gabinete y personalidades del mundo del espectáculo o los deportes, como el actor Danny Glover o el futbolista Diego Armando Maradona, Hugo Chávez usó su programa de televisión para gestionar su gobierno en vivo: girar instrucciones, explicar públicamente sus políticas y acciones y escuchar "las necesidades" de la ciudadanía. La transmisión del programa debió suspenderse definitivamente debido a la enfermedad del presidente Hugo Chávez. A la fecha pueden consultarse en las redes las transmisiones de todos los programas de Hugo Chávez, que fueron emitidos por el sistema nacional de televisión pública de Venezuela. Igual que Bolsonaro, en su momento Chávez utilizó una herramienta de comunicación que simultáneamente conectaba con los venezolanos y le evitaba interactuar con los agraviados o con los medios de comunicación. Diversos análisis confirman que más que un mecanismo de rendición de cuentas, *Aló Presidente* fue un instrumento de propaganda del gobierno del presidente Chávez.

Siguiendo el ejemplo de Hugo Chávez en Venezuela, en Ecuador el origen apartidista de Rafael Correa lo obligó a establecer una conexión directa con los ecuatorianos a través de una narrativa que señalaba como enemigos a las élites económicas y gobernantes, así como a los medios de comunicación tradicionales. Electo sin respaldo de ningún partido político en el Congreso, el presidente Correa utilizó un programa de radio sabatino y las cadenas nacionales de televisión para comunicarse con el pueblo y oponerse a los partidos políticos tradicionales, a los que acusó de corrupción sin tener que aportar pruebas frente a las reporteras y los reporteros. Asimismo, Correa intensificó la interacción en Twitter, red social que utilizó para girar instrucciones a su gabinete y responder a los críticos de su gobierno. Más aún, Correa intensificó la ofensiva contra las críticas en redes sociales e intentó censurar a quienes manifestaban no estar de acuerdo con su gobierno en redes sociales, retándolos a identificarse y justificar sus afirmaciones en su programa de televisión.[4] Un ejercicio similar fue llevado a cabo por Cristina Fernández de Kirchner en Argentina, a través de una ley que prohibió expresar ideas contrarias a la narrativa oficial y que, en los hechos, resultó en censura. Ambos casos fueron presentados ante la Comisión Interamericana de Derechos Humanos. El respaldo mayoritario generado en la opinión pública le permitió al presidente Correa presionar a los demás actores políticos para lograr cambios constitucionales que lo llevarían a obtener una mayoría en el Congreso e instaurar una nueva constitución. Más que una "presidencia plebiscitaria",[5] el presidente Correa representó una "presidencia plebiscitaria extrema".[6]

En el caso de México la comunicación de los mandatarios y los secretarios de Estado es particular, debido a la relación de los medios de comunicación con las autoridades. La dependencia de la prensa en los años de hegemonía del Partido

Revolucionario Institucional (PRI) generó una dinámica en la que las y los periodistas estaban sujetos a tratar amablemente en las entrevistas a los políticos, por lo que éstos no necesitaban prepararse para responder preguntas difíciles. Más aún, los voceros no eran necesarios: si los periodistas entrevistaban directamente a los políticos y no había riesgo de cometer errores, la ocupación de los voceros resultaba obsoleta. A la fecha, los políticos creen que su inmunidad persiste, y que los periodistas no se han convertido en verdaderos vigilantes de sus acciones, especialmente en el entorno del ciclo permanente de noticias y la evidencia que permiten las redes sociales.

Así, los presidentes en México, y los integrantes de su gabinete, dan entrevistas exclusivas a medios de comunicación, publican artículos o incluso atienden conferencias de prensa en giras internacionales, pero aisladamente convocan a conferencias de prensa en México. De acuerdo con cifras oficiales, los más recientes presidentes han convocado a 58 conferencias de prensa en total, siendo el presidente Enrique Peña Nieto quien menos conferencias de prensa convocó: tres.

El periodista estadounidense Tim Russert, quien condujo 17 años el programa de análisis político dominical *Meet the Press*, transmitido por la NBC, afirmó: "Los presidentes que no pueden contestar preguntas difíciles, no pueden tomar decisiones difíciles". En un estilo incisivo, característico de la prensa estadounidense con la clase política, Russert es un ejemplo de cómo las reporteras y los reporteros orillan a los políticos a contestar directamente las preguntas acerca de las inquietudes de la

TABLA 2. **CONFERENCIAS DE PRENSA DE LOS PRESIDENTES EN MÉXICO,1 994-2018**

PRESIDENTEDEMÉXICO	CONFERENCIASDEPRENSA
Ernesto Zedillo (1994–2000)	5
Vicente Fox (2000–2006)	40
Felipe Calderón (2006–2012)	10
Enrique Peña (2012–2018)	3

Fuente: Elaboración propia con base en notas periodísiticas.

agenda pública y de los propios medios. Asimismo, los políticos en Estados Unidos han valorado la asertividad y la claridad en las respuestas a las reporteras y los reporteros de los medios de comunicación como un atributo evaluado favorablemente por el electorado, por lo que enfrentar a la prensa, y salir ileso, es un requisito indispensable del encargo de una oficina pública.

En México por décadas los políticos se encontraron sobreprotegidos por los medios de comunicación. No obstante, la transición democrática trajo consigo un fortalecimiento de los medios de comunicación como guardianes de las acciones de los políticos, por lo que cada vez más cuestionan a la clase política. Es por ello que ante la ausencia de crítica directa de los políticos frente a los medios de comunicación, las conferencias de prensa del presidente Andrés Manuel López Obrador son una atractiva novedad, sin el impacto mediático que tuvieron otros ejercicios similares, como *Aló Presidente* de Hugo Chávez en Venezuela. En su responsabilidad como jefe de Gobierno del entonces Distrito Federal, la conferencia de prensa mañanera de AMLO fue vista en México como algo novedoso, sin reparar necesariamente en el contenido noticioso, sino más bien privilegiando la confrontación con el entonces presidente Vicente Fox.

Un análisis de las conferencias de prensa de AMLO como jefe de Gobierno del entonces Distrito Federal muestra que evitaba responder preguntas difíciles de las y los periodistas que asistían a la sala de prensa, que platicaba de los temas políticos comunes y que atacaba a diversos actores políticos, a quienes denominaba "adversarios", hacía referencias al beisbol, destacaba que las reuniones eran "un buen ejercicio de comunicación circular" con la prensa, todo ello similar a lo que lleva a cabo en las conferencias de prensa como presidente.[7] Precedidas siempre por reuniones en las que evaluaba los temas de seguridad en la ciudad, el entonces jefe de Gobierno llevó a cabo 1 378 conferencias de prensa, del 31 de mayo de 2001 al 28 de julio de 2005.[8] Las conferencias de prensa de AMLO al frente del Gobierno del Distrito Federal fueron el intento por imitar las estrategias de comunicación de otros líderes populistas en Latinoamérica, enfatizando los ataques a rivales políticos, destacando la propaganda y dejando de lado la información, la transparencia y la rendición de cuentas. Las conferencias de prensa del presidente López Obrador son una réplica de los ejercicios de comunicación de la primera década del siglo XXI, incluyendo sus propias conferencias como jefe de Gobierno.

La necesidad de los medios de comunicación de confrontar a los presidentes en un entorno cada vez más democrático tomó por sorpresa a la élite política en México. Aunque cada vez más ha ido creciendo su número, pocos han sido los políticos que han tomado en serio la interacción con los medios de comunicación, preparándose para todo tipo de preguntas y entrevistadores, ordenando sus exposiciones y utilizando, estratégicamente, las diversas herramientas de comunicación, incluyendo las conferencias de prensa. No obstante, recientemente se ha enfatizado la comunicación de los mandatarios en las redes sociales, pues no implica un enfrentamiento directo con medios de comunicación, aunque proyecte cercanía.

Las conferencias de prensa diarias del presidente Andrés Manuel López Obrador son atractivas y proyectan audacia debido a que no existe un antecedente similar, no sólo en México, sino en cualquier parte del mundo, excepto lo que hizo el mismo López Obrador como jefe de Gobierno del Distrito Federal. No obstante, la intensidad de su comunicación como gobernante contrasta con su ausencia en los medios de comunicación durante los tiempos fuera de campaña, lo que él mismo califica como censura de los medios de comunicación, lo cual es falso. No sólo diversos medios de comunicación lo entrevistaron en varios momentos, sino que al ser un candidato competitivo en las elecciones de 2006, 2012 y 2018 obtuvo espacios relevantes en los medios de comunicación.

Lo que sucedía no era necesariamente que los medios de comunicación no invitaran a propósito a Andrés Manuel López Obrador, sino que más bien algunas de las afirmaciones del candidato presidencial en múltiples ocasiones no tenían sustento o no se podían probar, por lo que perdían relevancia noticiosa. Aun así, desde 1999 ha escrito 15 libros[9] y ha sido invitado a cientos de entrevistas en prácticamente todos los medios de comunicación, electrónicos e impresos. El impacto mediático de las afirmaciones de AMLO previo a su llegada a la presidencia de México, ya fuera en los medios de comunicación o en sus publicaciones, fue mínimo, pues estuvo condicionado a la veracidad y al sustento que las acompañaba.

De la misma forma que otros mandatarios han buscado conectar con la ciudadanía a través de los medios de comunicación, el presidente ha intentado acercarse a través de las conferencias de prensa. Tanto como jefe de Gobierno del Distrito Federal como ahora en su mandato como presidente de México, Andrés Manuel López Obrador es el primer jefe de Estado y de gobierno en llevar a cabo conferencias de prensa diarias, de lunes a viernes. Desde el inicio de su mandato es el único presidente que las lleva a cabo.

No obstante, la revisión al modelo de comunicación de los mandatarios que buscan cercanía con la ciudadanía es, al mismo tiempo, la oportunidad para reiterar sus mensajes de ataque a los enemigos, reales e imaginarios, y de desacreditar a los medios de comunicación con audiencia, es decir, aquellos que son capaces de llevar a cabo investigaciones que cuestionen, con evidencia, las acciones del gobierno. La comunicación de los presidentes populistas contradice la esencia de las funciones originales de cada herramienta de comunicación: en vez de que se interactúe con la ciudadanía y se mantenga una comunicación horizontal (tal como sucede con los presidentes con tendencia liberal), el uso de las herramientas de comunicación fortalece la verticalidad de las decisiones, aísla a los mandatarios al no permitir la interacción y la disfrazan de diálogo, cuando en realidad no existe el intercambio entre ciudadanos o periodistas y las autoridades. Los presidentes populistas, por el contrario, buscan que sus mensajes no sean cuestionados ni se arriesguen a que encuentren un debate directo con la ciudadanía. Por ello las herramientas de comunicación favorecidas son aquellas que pueden manipular de tal forma que les permitan escoger cuáles asuntos atender en ciertos momentos. Por ello las conferencias de prensa son la única herramienta que no es utilizada a menos, claro, que su dinámica garantice el control de las interacciones, es decir, que se pueda escoger quiénes preguntan o, en su caso, mediante preguntas planeadas por las autoridades y repartidas entre reporteros afines, lo cual pone en entredicho la validez de la conferencia de prensa.

En el siguiente capítulo se destacan las características esenciales de las conferencias de prensa y se señalan las diferencias con las que el presidente Andrés Manuel López Obrador las realiza, cumpliendo con los principios de la comunicación de líderes populistas, pero faltando a la esencia de la herramienta de comunicación, lo cual le ha permitido ser el único en el mundo que las lleve a cabo, con características especiales, que posibilitan controlar el flujo de información, el tipo de preguntas que le hacen los medios de comunicación que pueden asistir o no, y las reporteras y los reporteros que pueden hacer preguntas. Con tanto control de por medio, las conferencias de prensa pierden su esencia.

NOTAS

[1] Al 30 de noviembre de 2021, el presidente había llevado a cabo 740 conferencias de prensa, de lunes a viernes.

[2] Como la llaman Conaghan y De la Torre (2008).

[3] De acuerdo con Block y Negrine (2017).

[4] Waisbord y Amado (2017).

[5] Lowi (1985).

[6] Conaghan y De la Torre (2008).

[7] Una muestra del análisis de las 35 conferencias de prensa se encuentra en Hernández (2012).

[8] Hernández (2012).

[9] En orden cronológico de publicación: *Fobaproa, expediente abierto: reseña y archivo* (1999); *Un proyecto alternativo de nación: hacia un cambio verdadero* (2004); *Contra el desafuero: mi defensa jurídica* (2005), *La mafia nos robó la presidencia* (2007); *La mafia que se adueñó de México y el 2012* (2010); *No decir adiós a la esperanza* (2012); *La gran tentación: el petróleo de México* (2013); *Neoporfirismo: hoy como ayer* (2014); *El poder en el trópico* (2015); *Catarino Erasmo Garza Rodríguez* (2016); *Oye, Trump* (2017); *2018: la salida* (2018); y ya como presidente: *La desnacionalización de Pemex* (2019); *Hacia una economía moral* (2019); y *A la mitad del camino* (2021).

2

Objetivos y alcances de las conferencias de prensa en retrospectiva histórica y perspectiva comparada

Las conferencias de prensa del presidente Andrés Manuel López Obrador son únicas en la historia de la comunicación. Ningún jefe de Estado o de gobierno ha realizado conferencias de prensa diarias antes. Más aún, desde que las lleva a cabo, ningún presidente ha seguido su ejemplo.

Las conferencias de prensa buscan, en general, dos objetivos: por un lado, establecer la agenda, a través de la convocatoria simultánea y mayoritaria de los medios de comunicación, electrónicos, impresos y digitales, para el anuncio de un mensaje relevante que interrumpa el ciclo noticioso. Por otro lado, las conferencias sirven para aclarar dudas respecto a ciertos temas de interés, en especial detallar información sobre crisis en desarrollo o los avances respecto de la mitigación de los daños provocados por algún suceso extraordinario. Así, observamos que las conferencias de prensa son la herramienta de comunicación utilizada en lugares donde las emergencias ocurren, con los actores involucrados o con las autoridades responsables.

Las conferencias de prensa establecen la agenda cuando, al convocar simultáneamente a los medios de comunicación, el mensaje es retomado por todos y le otorgan el espacio más destacado para su publicación. Es decir, imponer la agenda es cuando la noticia es relevante al nivel de convertirse, simultáneamente, en la nota principal de la primera plana de los diarios, la noticia con la que abren noticieros de radio y televisión, o el tema que se vuelve *trending topic* en las redes sociales, incluso por encima de la agenda propia de los medios de comunicación. Los ciudadanos evalúan como los temas más importantes en la agenda aquellos que son colocados en lugares relevantes en los medios de comunicación por las autoridades.[1] Las conferencias de prensa son la herramienta de comunicación más eficaz en imponer la agenda.

Las conferencias de prensa son la herramienta de comunicación más utilizada para manejar crisis por la inmediatez y la atención simultánea que implican al ser llamados los medios de comunicación. La expectativa que genera una crisis deriva en la conferencia de prensa que responderá a las preguntas que buscan conocer a detalle lo que se sabe, lo que no se sabe y las medidas que se están tomando para mitigar el daño. Las conferencias de prensa son convocadas cuando se busca aclarar un escándalo a través de precisiones frente a los representantes de los medios de comunicación. Las declaraciones en las conferencias de prensa, así como las respuestas directas a los medios de comunicación, son la herramienta de comunicación más poderosa para comunicar, de viva voz, los mensajes de quienes la convocan.

La convocatoria a una conferencia de prensa por parte de las autoridades es, por sí sola, una llamada de atención a los medios de comunicación para advertirles sobre un tema de extrema importancia. De hecho, al convocar a la conferencia de prensa, que incluirá un mensaje y preguntas por parte de las reporteras y los reporteros, se solicita un adelanto del tema para que los periodistas se preparen y puedan llevar hechos algunos cuestionamientos. Más aún, la conferencia de prensa es un evento que se transmite en vivo, tanto en radio como en televisión, y ahora en plataformas de internet, por lo que es, por definición, un evento noticioso de atención inmediata por novedoso y relevante (*breaking news*).

Dado que los medios de comunicación, impresos, electrónicos o digitales, tienen sus propias agendas, privilegiando por motivos editoriales o económicos ciertos temas propios, las conferencias de prensa son la herramienta de comunicación más útil para que quienes las convocan impongan su tema y controlen la narrativa, siendo la noticia que más se difunda y, por tanto, de la cual se hable más, gracias al alcance simultáneo y a la primicia que implica la propia convocatoria a los medios de comunicación. Los mensajes de quienes convocan a una conferencia de prensa para imponer la agenda se convierten en historias que irrumpen en el ciclo noticioso y que van desde una declaratoria de guerra, la renuncia de funcionarios, el anuncio del inicio de programas de gobierno o la entrada al mercado de un nuevo producto. Si los mensajes comunes y frecuentes de los actores políticos fueran motivo de convocatorias a conferencias de prensa, por definición, perderían su interés, impacto y excepcionalidad, y con ello se diluiría el mensaje principal entre los diversos temas que se discuten en la opinión pública.

Cuando se desata una crisis o un escándalo es revelado, las diversas versiones, explicaciones y análisis de los hechos llenan un vacío de información que es la antesala de la versión oficial, que por lo regular obliga a los involucrados a convocar a una conferencia de prensa para explicar, aclarar, tomar control de la narrativa y dar cifras y datos confirmados. Es decir, proporcionar información que ayude a complementar la noticia que, en un principio, se publicó como un avance, pero que requiere la confirmación por parte de las fuentes autorizadas. Las imágenes de una conferencia de prensa en la que, quienes convocan, anuncian mensajes trascendentes en medio de las crisis se convierten, de inmediato, en la noticia que ocupa los espacios más relevantes de la radio, la televisión, los portales de los diarios y las redes sociales, y muy probablemente sean las notas principales en la primera plana de los diarios al día siguiente.

Asimismo, la expectativa de conocer la versión oficial por parte de las autoridades o los personajes involucrados, así como la posibilidad de que cometan un error, declaren una indiscreción o existan versiones encontradas, genera la expectativa de una nueva crisis entre la sociedad. Esta situación desembocaría en una nueva noticia que podría llevar a una nueva crisis, alejada del foco de atención de la crisis original. Las conferencias de prensa exitosas al momento de resolver crisis son las que se llevan a cabo pronto, toman control de la narrativa y satisfacen las demandas de información por parte de los medios de comunicación al establecer, puntualmente, con claridad y veracidad lo que se sabe, lo que no se sabe y lo que se está haciendo para resolver la crisis. Convocar a conferencias de prensa que no cuenten con la expectativa de aportar nueva información sobre la crisis pierde relevancia y difícilmente serán atendidas por los medios de comunicación.

Las voceras y los voceros que convocan a las conferencias de prensa toman el control de la narrativa al establecer el tono y el contenido de lo que se presenta, simultáneamente y en vivo, ante los medios de comunicación. Los medios, al transmitir la información de forma inmediata, novedosa (noticiosa), sin filtro y en un lugar destacado (*breaking news*), afectan, por una parte, la percepción de la opinión pública sobre lo que es relevante y urgente y, por otra parte, establecen los parámetros sobre los que las personas emitirán un juicio o tomarán una decisión sobre el tema.

Mientras que en las conferencias de prensa, las y los voceros deciden qué decir y cómo decirlo, así como qué preguntas contestar, las audiencias son cautivas al ver y escuchar sus mensajes en los medios de comunicación. No obstante, al mismo tiempo que las y los voceros establecen los términos de la narrativa, las audiencias procesan los aspectos de la información destacados por los medios de comunicación para emitir sus opiniones. Así, los medios de comunicación generan en las audiencias un efecto conocido como *priming*, por el cual la información se convierte en el insumo principal en la elaboración de opiniones y toma de decisiones de los individuos. Los mensajes de las y los actores políticos, transmitidos en los medios de comunicación, son utilizados por los individuos para evaluar, positiva o negativamente, a las mismas autoridades.

La preeminencia que otorgan los medios de comunicación a los mensajes de las y los voceros es magnificada en las conferencias de prensa. El efecto de *priming* se vuelve más relevante al usar las conferencias de prensa como la herramienta de comunicación para informar a la opinión pública. Por el contrario, el mismo efecto de *priming* genera que la información que no es mencionada por los voceros, o dejada de lado por los medios de comunicación (especialmente en las conferencias de prensa), tenga un impacto mínimo en las audiencias (o incluso sea ignorada) al momento de emitir sus opiniones, tomar decisiones o evaluar a sus autoridades. Por tanto, los actores políticos anticipan su impacto en las audiencias, escogiendo sobre cuáles temas hablar y sobre cuáles no, lo que, en caso de ser transmitidos a través de los medios de comunicación, les adjudica la relevancia necesaria para ser evaluados o ignorados por la opinión pública.

Ninguna herramienta de comunicación genera las expectativas, ocurre en la inmediatez, aporta la información y permea en los diversos medios de comunicación que las conferencias de prensa. Ni los comunicados, ni las entrevistas exclusivas, ni un tuit o una publicación en Facebook tienen el mismo alcance y el impacto en el ciclo noticioso que las conferencias de prensa. El uso de las conferencias de prensa por parte de diversos actores políticos se ha mantenido, por tanto, de forma selectiva y en ocasiones extraordinaria, sobre todo para equiparar su esporádica convocatoria con la relevancia del mensaje a comunicar. Más aún, el riesgo de los cuestionamientos a las autoridades frente a los medios de comunicación ha disminuido dramáticamente el número de conferencias de prensa, dejándolas para ocasiones realmente necesarias. Las y los políticos evitan arriesgar sus carreras debido a una declaración desafortunada, que no se sustente con la realidad o que muestre una contradicción con lo afirmado previamente.

Debido a la multiplicidad de nuevas herramientas de comunicación, en especial las redes sociales, y gracias a su interacción controlada con los receptores de los mensajes, existe una tendencia a la baja en el uso de las conferencias de prensa. En Estados Unidos, al privilegiar Twitter como su herramienta de comunicación favorita, el presidente Donald Trump evitó las conferencias de prensa en las que forcejeaba contra las reporteras y los reporteros asignados a la Casa Blanca, que cuestionaban sus declaraciones en mítines y eventos públicos con la realidad de las cifras. El conflicto entre el presidente Trump y las reporteras y los reporteros pasaba, invariablemente, por la descalificación y los adjetivos a la prensa "liberal", que asociaba directamente en contra de los conservadores, así como de los integrantes del Partido Republicano.

Los medios de comunicación serios, con audiencia y anunciantes, tienen la obligación de sustentar sus noticias, por lo que investigan lo necesario y suficiente para justificar la publicación de las notas periodísticas. El soporte de la información radica en la realidad y en las evidencias, de corte científico y comprobable, por lo que las noticias que carecen de sustento científico se reducen a anécdotas y dogmas, cuya discusión se vuelve un debate entre opiniones, lejos de los hechos concretos. Los conservadores en Estados Unidos, en especial los apegados a los dogmas religiosos, han criticado el enfoque de los medios de comunicación que se basan en argumentos y evidencia científica para publicar sus notas periodísticas. Así, por décadas, los conservadores han denunciado que los medios de comunicación, en especial los medios impresos, tienen un sesgo "liberal" y que, por lo tanto, están en su contra.

Al mismo tiempo, los cambios tecnológicos han modificado la forma en que los ciudadanos consumen las noticias. Mientras que la televisión abierta, al igual que el radio, obligaba a los consumidores a recibir el mismo tipo de noticias a la misma hora en los mismos canales y estaciones, la llegada de la televisión por cable multiplicó las opciones para elegir dónde ver las noticias. La aparición de los canales de noticias en cable modificó los hábitos de consumo de información de los individuos, pero al mismo tiempo reforzó las preferencias de los televidentes: quienes preferían noticias, con la llegada de la televisión por cable consumieron más noticias; quienes consumían entretenimiento o deportes en la televisión abierta, prefirieron consumir más de lo mismo con la existencia de canales especializados. La brecha entre los informados y los no informados se separó aún más con la llegada de la televisión por cable. El reforzamiento de las preferencias con la aparición de las redes sociales es aún más claro.

Los consumidores de noticias se inclinan por alternativas que refuercen sus propias preferencias y sesgos. La exposición selectiva ocurre cuando los consumidores favorecen las opciones de entretenimiento, deportes o noticias que refuercen sus preferencias, y evitan aquellas que las contradicen. Más aún, aquellos que evalúan el contenido de medios de comunicación que no sean explícitamente favorables a sus preferencias (aunque sean neutrales y objetivos en su cobertura), los consideran contrarios y por tanto los evitan en la medida de lo posible. Las implicaciones de la exposición selectiva y el efecto de los medios hostiles han incrementado la polarización de la información, tanto en su difusión como en su consumo: los medios de comunicación buscan nichos cada vez más consolidados que compartan sus líneas editoriales, mientras que los ciudadanos leen, ven y escuchan fuentes de información que sean compatibles con sus preferencias, reforzándolas y aislándose cada vez más en su propia caja de resonancia.

Los ataques a los medios de comunicación, incluyendo los de Donald Trump y otros mandatarios latinoamericanos, obedecen a sesgos de preferencias y también a la intención de reforzar las preferencias de los ciudadanos para inducirlos a tomar una posición de apoyo o rechazo hacia los gobiernos. El presidente Donald Trump justificó los constantes ataques a los medios de comunicación, mismos que actúan como *watchdogs*, señalando que son liberales y de izquierda, razones por las que generarían publicaciones y noticias falsas, lo cual es absurdo. La justificación de los ataques de mandatarios latinoamericanos a los medios de comunicación que actúan como *watchdogs* al cuestionar cada una de las acciones y declaraciones de sus gobiernos es que responden a los intereses creados con las élites gobernantes previamente a su llegada y que, por tanto, sus publicaciones equivalen a noticias falsas. Echando mano de las preferencias de consumo de información por parte de las audiencias, los mandatarios pueden desmarcarse de la publicación de los medios de comunicación que vigilan las acciones de gobierno que no les resultan favorables. Ya sea desde un punto de vista ideológico o de clase, la polarización y la división es utilizada por los mandatarios que no quieren que los medios de comunicación cuestionen sus acciones y decisiones de gobierno.

Las conferencias de prensa son la herramienta de comunicación menos utilizada por los gobernantes que se enfrentan a los medios de comunicación que los observan, analizan y critican constantemente, puesto que representa un alto riesgo de ser cuestionados en vivo, frente a todos los convocados y frente a la ciudadanía. Los gobernantes que han decidido emprender ataques a los medios de comunicación evaden las conferencias de prensa y utilizan formatos de comunicación "directa" con la ciudadanía o el pueblo que les permitan moderar y seleccionar cuándo y a quiénes contestar. Los programas de radio que incluyen llamadas del público, o incluso el uso de las redes sociales, dan la opción a los mandatarios de evitar el enfrentamiento directo con las y los periodistas y los ciudadanos, a diferencia de las conferencias de prensa que, en principio, impiden el control inmediato sobre las preguntas y el tiempo de respuesta.

La tensión de los presidentes con las y los periodistas en las conferencias de prensa se hizo evidente durante la administración de Donald Trump. Sus intercambios con los representantes de CNN, del *Washington Post*, del *New York Times*, de ABC, de CBS y de NBC fueron constantes y lo acorralaron de manera permanente a él y a los diversos voceros que ocuparon el cargo durante su gobierno, por lo que finalmente se optó por evitar las conferencias de prensa. Si bien las críticas no necesariamente estaban relacionadas con crisis en proceso, sí lo estaban con declaraciones que el propio presidente Trump había hecho anteriormente, en mítines y en tuits, que resultaban ser falsas o difíciles de comprobar. Es decir, en la mayoría de los casos eran las propias contradicciones de las autoridades lo que generaba el enfrentamiento y las crisis de comunicación que no eran resueltas en las conferencias de prensa. En vez de aclarar la confusión y las contradicciones, el presidente Trump y sus voceros optaron por descalificar a los medios de comunicación y por eventualmente suspender las conferencias de prensa. Si acaso, terminó entablando breves intercambios "controlados" con los medios de comunicación en los momentos previos a las giras, rumbo al helicóptero que lo esperaba.

El enfrentamiento entre los gobernantes y los medios de comunicación ha sido favorable para los mandatarios que buscan exponer propaganda a su favor, pues el contenido noticioso de los medios de comunicación que señalan a los gobiernos se presenta como la evidencia de que son los enemigos de los gobernantes. Éstos señalan a los medios de comunicación como los representantes de las élites que derrotaron y que ponen en riesgo a sus gobiernos, ya sea por ideología o por clase. El conflicto con los medios de comunicación, generado por los mandatarios que no resisten o que no están preparados a responder los señalamientos y las críticas a sus acciones de gobierno, sirve como ejemplo diario que los victimiza frente al "pueblo", y es la evidencia que necesitan para justificar su defensa mediante la emisión de mensajes de propaganda, en los que refuerzan la idea de que sus gobiernos son los que representan la lucha cotidiana contra las élites que buscan desprestigiarlos a través de los medios de comunicación.

La propaganda es un esfuerzo sistemático y deliberado por manipular las creencias, actitudes o acciones de los individuos a través de diversos símbolos, que van desde las palabras o los gestos, hasta conceptos, monumentos, diseños o logotipos. La propaganda busca que a través de datos, argumentos e imágenes seleccionadas previamente se logren diversos objetivos, al mismo tiempo que ocultan, minimizan o distorsionan la información que resulte contradictoria con esos mismos objetivos.[2] Las herramientas de comunicación que los mandatarios han escogido como sus favoritas para relacionarse directamente con el pueblo les brindan la posibilidad de utilizarlas como un instrumento de propaganda, en la que destacan ciertos elementos y minimizan o eliminan otros, con la finalidad de comunicar sus acciones de gobierno y desacreditar las críticas de sus enemigos.

Las diversas herramientas de comunicación, no obstante, varían en el grado de control del flujo de información que tienen los mandatarios, así como en el contraste entre la información y la propaganda que pueden llevar a cabo. Mientras que los programas de radio o televisión utilizados por mandatarios latinoamericanos para comunicarse con el pueblo dan la oportunidad de escoger quiénes interactúan en vivo con las autoridades, y las redes sociales permiten escoger el momento de respuesta (si es que se decide contestar), las conferencias de prensa exigen una respuesta inmediata a una pregunta que, supuestamente, no es filtrada, como lo muestra el cuadro 3.

La propaganda se beneficia del control del flujo de información, de la discriminación entre lo que se quiere destacar y lo que se quiere ocultar y el momento requerido de la respuesta. Evidentemente, alteraciones a las características de las herramientas de comunicación modifican la esencia de su interacción, como cuando las cuentas de redes sociales de las autoridades deciden a quiénes aceptan o bloquean, o cuando en las

TABLA 3. **INTERACCIÓN DE MANDATARIOS CON LA CIUDADANÍA A TRAVÉS DE LAS HERRAMIENTAS DE COMUNICACIÓN**

		TIPO DE RESPUESTA	
		Inmediata	Posterior o nunca
QUIÉN PREGUNTA	Cualquiera	Conferencias de prensa	Redes sociales
	Algunos	Programas de radio o televisión	Conferencias de prensa y redes sociales con modificaciones

Fuente: Elaboración propia.

conferencias de prensa se les da la palabra a ciertos periodistas y a otros no. Una periodista puede asistir diario a las conferencias de prensa y nunca tener la oportunidad de hacer una pregunta, especialmente si quien administra las participaciones de los medios de comunicación reconoce quién es y si existe una expectativa sobre el tipo de preguntas que hará, o bien si el tiempo de la sesión de preguntas es reducido.

La ventaja que tuvieron en su momento los programas de radio y televisión de los presidentes Hugo Chávez y Nicolás Maduro en Venezuela, así como Rafael Correa en Ecuador, fue que sus equipos podían escoger quiénes hacían las preguntas o, incluso, qué tipo de preguntas pasaban al aire y cuáles no, lo cual estrictamente es una interacción controlada con el pueblo. La ventaja que tuvo Donald Trump fue que desde su cuenta en Twitter decidía a quiénes y cuándo contestar, lo cual en estricto sentido es una interacción controlada con la ciudadanía. En ambos casos la propaganda compite deslealmente con la información veraz, al mantener aislados a los medios de comunicación que, además, reciben ataques y descalificaciones por parte de los mandatarios de manera directa desde las propias emisiones de las herramientas de comunicación y sin derecho a réplica.

Las conferencias de prensa son la herramienta de comunicación más poderosa, pues informa, de manera oportuna y completa, en momentos destacados y de crisis. Los cambios tecnológicos han diversificado las opciones que tienen diversos actores políticos para comunicar y, sobre todo, para interactuar directamente con la ciudadanía. La frecuencia de las conferencias de prensa ha disminuido debido al riesgo que implica contestar de forma directa e inmediata los cuestionamientos de los medios de comunicación.

Mientras que la tendencia en diversas partes del mundo es dejar de lado las conferencias de prensa y utilizar, cada vez más, las redes sociales, el presidente Andrés Manuel López Obrador decidió llevar a cabo, desde los primeros días de su administración, conferencias de prensa, de lunes a viernes a las siete de la mañana, para informar sobre los avances de su gobierno. ¿Por qué el presidente decidió incurrir en un ejercicio de comunicación tan arriesgado como una conferencia de prensa diaria? ¿Qué fortalezas y habilidades en la comunicación le permitieron llevar a cabo un compromiso que empata la evaluación permanente de su gobierno con su actuación cada mañana desde el atril en el Palacio Nacional, donde se llevan a cabo las conferencias? ¿Qué comunica López Obrador en las conferencias de prensa diarias y cómo compite la información con la propaganda? ¿Son las conferencias de prensa realmente una garantía al derecho a la información? ¿Ha logrado el presidente, a través de sus conferencias de prensa diarias, establecer la agenda de los temas en los medios de comunicación?

NOTAS

[1] Iyengar y Kinder (2010).
[2] Smith (2021).

3

La dinámica de las conferencias de prensa de AMLO: reporteras, reporteros, tiempos de respuesta y eventos protocolarios

Las conferencias de prensa del presidente Andrés Manuel López Obrador son un ejercicio de comunicación único en la historia: nunca antes ningún mandatario había llevado a cabo conferencias de prensa diarias. Más aún, nadie desde que él las lleva a cabo ha seguido su ejemplo. Desde el inicio afirmó que las conferencias de prensa serían un ejercicio que garantizaría el derecho a la información, y sería el instrumento de transparencia y rendición de cuentas que reflejaría el ánimo de su gobierno, al que denominó "Cuarta Transformación", equiparándolo con la Independencia, la Reforma y la Revolución mexicana. Sin embargo, desde el primer momento el desempeño del presidente López Obrador dirigiendo la conferencia proyectaba objetivos diferentes a los de establecer agenda, resolver crisis o atender directamente las preguntas de las reporteras y los reporteros.

Desde su inicio, la dinámica de las conferencias de prensa de AMLO fue distinta a la que se sigue por lo común: ante preguntas de temas difíciles evadía contestar de forma directa y más bien reorientaba las respuestas hacia otros temas que, sin estar conectados necesariamente, le permitían presentar con amplitud argumentos que no eran comprobables, ya fuera porque sólo él mismo lo había presenciado, o porque la idea era tan general que no podía afirmarse si era verdad o mentira. Más aún, quiénes preguntaban, a qué medios de comunicación representaban y qué tipo de preguntas le hacían también generó suspicacias. Él les daba la palabra a quienes, ante la oportunidad de que pudieran cuestionarlo, optaban por sugerir que el presidente opinara sobre otros temas. Si bien el inicio de un gobierno no tiene resultados que presumir, sí se podían haber llenado los espacios con el anuncio del arranque y de los planes que se necesitan presentar por obligación, más aún cuando en México existen seis meses entre la elección y la toma de protesta del gobierno entrante, lo cual es un inusual y largo periodo de transición.

En el desarrollo de las primeras conferencias de prensa del presidente López Obrador fue evidente su falta de preparación ante las preguntas de las reporteras y los reporteros que llenaron el Salón Tesorería del Palacio Nacional, donde se llevan a cabo las conferencias de prensa. Los temas difíciles no eran atendidos, posponiendo su respuesta con el compromiso de que algún otro funcionario del gobierno informaría posteriormente. Más aún, las respuestas evasivas y ambiguas del presidente López Obrador, lejos de dar información sobre lo que se sabía o no de los frentes abiertos del gobierno, generaban aún más confusión y, por tanto, nuevas crisis. Así, desde un inicio, sus respuestas en las conferencias de prensa, lejos de resolver las crisis, generaban nuevas, lo que sumaba para las siguientes conferencias de prensa.

A pesar de la expectativa de, finalmente, contar con un presidente en México que atendiera de manera directa a los medios de comunicación cada día, desde las primeras conferencias de prensa se observó que algunas de las preguntas de las reporteras y los reporteros no reflejaban un verdadero interés por cuestionar al jefe de Estado y de gobierno de México, que es la economía número 16 a nivel mundial en 2020, el socio comercial más importante de Estados Unidos e integrante de la Organización para la Cooperación y el Desarrollo Económicos (OCDE). Lejos de enfocarse en los temas de la agenda de la opinión pública sobre las crisis existentes, los temas pendientes o las promesas de campaña del presidente cuyo sexenio apenas comenzaba, algunos periodistas optaban por hacer preguntas cuya respuesta ameritaba una réplica cada vez más extensa y menos orientada a ofrecer información noticiosa, lo cual parecía contradecir el reclamo que por tantos años llevaron a cabo los medios de comunicación respecto de la apertura de las autoridades para publicar la información sobre sus gobiernos. Los medios de comunicación tenían, por fin, la oportunidad de preguntarle al presidente de la República, y algunos reporteros decidían usarla para gestionar algún tema propio o, extrañamente, propiciar que el presidente cambiara el tema de las discusiones vigentes en la opinión pública.

La posibilidad de que algunos representantes de los medios de comunicación que asisten a las conferencias de prensa del presidente López Obrador hagan preguntas irrelevantes, excéntricas o dirigidas hacia una respuesta cómoda puede deberse a que visualicen la alta probabilidad de hacer una pregunta por su presencia diaria en la conferencia como si fuera un juego repetido infinitamente. Una "mala" pregunta en el presente puede siempre resarcirse con una "buena" pregunta en cualquier momento en el futuro: al día siguiente, la próxima semana o el mes entrante, lo que contrasta con la gran oportunidad y distinción que tendría cualquier reportera o reportero de preguntar a un presidente en una conferencia de prensa. Así, se pensaría que las conferencias de prensa diarias disminuyen el valor de las preguntas y, por tanto, su relevancia, puesto que siempre cabe la posibilidad de preguntar nuevamente en el futuro. Sin embargo, también existe la posibilidad de que las preguntas excéntricas estén pensadas con anticipación por parte de los organizadores de la conferencia para que el presidente evada responder sobre los temas críticos al gobierno y, en cambio, utilice el tiempo para expresar otros mensajes que busquen establecer una discusión diferente en la opinión pública a través de los medios de comunicación.

Al parecer la logística privilegia a ciertos reporteros y reporteras, quienes además hacen preguntas extrañas al presidente: de acuerdo con cifras de SPIN, las preguntas provienen de las reporteras y los reporteros que se sientan en la primera fila (53%) y en la segunda (23%), lo cual es lo usual en las conferencias de prensa que conducen los propios mandatarios, pues toman en cuenta a los medios de comunicación que se encuentran más cerca, que ocupan siempre los mismos lugares en las salas de prensa, y que representan a los medios de comunicación con mayor prestigio, mayor antigüedad o mayor audiencia.[1] Sin embargo, en las conferencias de prensa del presidente López Obrador desde el inicio las reporteras y los reporteros asistentes fueron informados de que los lugares se asignarían conforme los representantes de los medios de comunicación llegaran al Palacio Nacional.[2] Así, quienes ocupaban los asientos que tenían más probabilidad de ser escogidos para preguntarle al presidente en las conferencias de prensa no dependían del prestigio o la audiencia, sino de la hora a la que llegaban a formarse afuera del Palacio Nacional. Uno a uno los periodistas se formaban dos, tres y hasta cuatro horas antes de la conferencia, que arrancaba alrededor de las siete de la mañana.[3]

Es cierto que para cualquier representante de los medios de comunicación levantarse a las tres de la mañana, todos los días, resulta sumamente agotador, en especial si no está garantizado que, aunque lleguen a tiempo a formarse afuera del Palacio Nacional, tengan oportunidad de preguntar o siquiera de entrar al salón donde se llevan a cabo las conferencias de prensa. Por tanto, una de las posibilidades de la convocatoria diaria del presidente López Obrador a los representantes de los medios de comunicación es el agotamiento de asistir diario y, por tanto, de quitarles la posibilidad de preguntar todos los días, ya sea porque faltan, porque no llegan a tiempo o porque están cansados. En ningún momento, durante las conferencias de prensa, se permite que tomen siquiera café al interior del Salón Tesorería.

Con tantas horas de anticipación para entrar a una conferencia de prensa, y sin la garantía de hacer preguntas, se puede pensar en la intención de agotar a algunos representantes de los medios de comunicación, especialmente aquellos que no se quiere que hagan preguntas difíciles o incómodas.

La convocatoria del presidente a las y los representantes de los medios a una conferencia de prensa temprana todos los días parece contraintuitiva en un ciclo noticioso que, gracias a los avances tecnológicos, es permanente las 24 horas. En el pasado desde temprano los medios impresos marcaban la agenda del día, que retomaban los medios electrónicos a través de las reacciones de los actores involucrados. La información recabada durante el día se usaba como la base del contenido de los medios impresos del día siguiente, que darían inicio a un nuevo ciclo. En la actualidad las redes sociales enfatizan la inmediatez de la información, que es publicada incluso en los portales de los medios impresos y electrónicos en el momento en que se verifica la información, por lo que el ciclo noticioso es modificado permanentemente. Tal parecería que el presidente López Obrador, en un acto de nostalgia, busca repetir el impacto que generó el ejercicio de comunicación diaria que llevaba a cabo como jefe de Gobierno de la Ciudad de México, a pesar de que han pasado más de 20 años.

Desde el inicio de las conferencias de prensa era frecuente ver sentados en las primeras dos filas a los mismos reporteros y a las mismas reporteras, que representaban a medios poco o nada conocidos, con baja o nula audiencia, incluso a sus propios canales de YouTube, a blogs con nombres caricaturescos o a medios estatales con agendas propias. Las preguntas de los representantes de las primeras filas iban desde alabanzas al presidente, felicitaciones por sus políticas públicas y programas sociales (incluso antes de ser públicos) hasta introducciones que daban pie para que el presidente, lejos de atender las necesidades de información sobre las crisis prevalecientes, tuviera la oportunidad de repasar su visión de la historia antigua o reciente de México, que le sirviera de marco para atacar a sus enemigos, reales e imaginarios, y que utilizara el tiempo elaborando respuestas que en ocasiones duraban más de 45 minutos, minimizando la posibilidad de que le hicieran una nueva pregunta sobre los temas que se discutían en la opinión pública y de los cuales los medios de comunicación serios, con audiencia, buscaban obtener detalles.

De acuerdo con cifras de SPIN, la probabilidad de que medios sin audiencia ni anunciantes le hicieran preguntas al presidente en la conferencia de prensa sólo se ha reforzado: casi la mitad de los periodistas que realizan preguntas (48%) provienen de representantes de medios "digitales" (blogs, canales de YouTube o cuentas de Twitter sin un portal oficial), mismos que se sientan, por lo regular, en las primeras dos filas. Atrás quedan los diarios y revistas impresos (24%), las televisoras (14%), las estaciones de radio (7%), entre otros (7%). La pandemia por covid-19 reforzó el patrón de selección de los periodistas para sentarse en las primeras filas y hacerle preguntas al presidente durante las conferencias de prensa. Debido a que se estableció

TABLA 4. MEDIOS DE COMUNICACIÓN CON MÁS PREGUNTAS EN LAS CONFERENCIAS DE PRENSA DEL PRESIDENTE LÓPEZ OBRADOR, 1 DIC 2018-30 NOV 2021

MEDIO DE COMUNICACIÓN
Radio Fórmula
Grupo Imagen
Grupo Healy
Basta & Tabasco Hoy
Líderes Mexicanos; Petróleo y Energía; y Lord Molécula Oficial
Reforma
SDP noticias.com
A Tiempo.TV
Noticias ZMG, Gurú Político y Zócalo Virtual
Bajo Palabra

Fuente: Elaboración propia con base en las versiones estenográficas de la página oficial de Presidencia de la República (https://www.gob.mx/presidencia/).

la restricción de que no podían reunirse más de 50 personas en lugares cerrados, y a pesar de que al inicio la regla no fue respetada en el Salón Tesorería del Palacio, se redujo el número de representantes de los medios de comunicación, lo que obligó a aislar al resto de las reporteras y los reporteros que no alcanzaran lugar en un salón adjunto, donde observaban la conferencia de prensa pero no podían hacer preguntas. Así, la selección de quiénes podían acceder al Salón Tesorería fue la nueva forma de privilegiar a los medios que anteriormente se sentaban en primera fila, permitiéndoles entrar al salón principal y hacer preguntas al presidente, y dejando de lado a quienes debían conformarse con presenciar la conferencia en la pantalla de un salón adjunto sin posibilidad de preguntar.

En diversas ocasiones representantes de medios de comunicación no tradicionales y que realizan preguntas de manera frecuente han cuestionado al presidente López Obrador en temas

TABLA 5. REPORTEROS QUE MÁS PREGUNTAN EN LAS CONFERENCIAS DE PRENSA DEL PRESIDENTE LÓPEZ OBRADOR, 1 DIC 2018-30 NOV 2021

REPORTERO	MEDIO DE COMUNICACIÓN
Sara Pablo	Radio Fórmula
Shaila Rosagel	Grupo Healy
Carlos Pozos	Líderes Mexicanos; Petróleo y Energía; y Lord Molécula Oficial
Marco Antonio Olvera	Radio Latino; Bajo Palabra; Marco Olveral Oficial y Revista Énfasis
Dalila Escobar	A Tiempo.TV
Hans Salazar	Noticiero en redes; Sin Censura; y Noticias ZMG, Gurú Político y Zócalo Virtual
Arturo Páramo	Grupo Imagen
Isabel González	Grupo Imagen
Daniel Blancas	CRÓNICA.com.mx
Alberto Rodríguez	SDP noticias.com

Fuente: Elaboración propia con base en las versiones estenográficas de la página oficial dePresidencia de la República (https://www.gob.mx/presidencia/).

no relacionados con la coyuntura nacional, sino más bien haciendo algún tipo de referencia para que el presidente luzca en su respuesta. Entre las preguntas más extrañas destacan las alusivas a su excelente estado de salud; al arduo trabajo que realiza como presidente; a lo afortunados que somos los mexicanos por el titular del Ejecutivo que tenemos, entre muchos otros halagos. De igual manera, existen medios de comunicación con nombres peculiares, mismos que se presentan en la conferencia con los siguientes nombres: *Benditas Redes Sociales*, *El Charro Político*, *La Grillotina Política*, *Política pa' la Banda*, *Sonora Power*, entre otros.

La selección de las y los representantes de los medios de comunicación que pueden preguntar tiene como consecuencia anular uno de los elementos más importantes de las conferencias de prensa: si se elige quiénes y qué preguntan, por un lado, se simula la interacción de las autoridades con los medios de comunicación, puesto que se sospecha que se acuerdan de antemano las preguntas para dar respuestas cómodas y favorables y, por otro lado, se usa el tiempo que utilizarían los representantes de los medios de comunicación serios para hacer preguntas difíciles. Si se elige quiénes y qué preguntan, entonces no es una conferencia de prensa, sino una simulación, que el presidente ha llamado un diálogo circular.

De acuerdo con las cifras de SPIN, López Obrador ha llevado a cabo, al 30 de noviembre de 2021, un total de 740 conferencias de prensa de lunes a viernes. Sólo no ha dado conferencias de prensa en algunos días feriados, incluyendo Navidad, Semana Santa y Año Nuevo en cada año. Por otra parte, del 25 de enero al 5 de febrero de 2021, durante las dos semanas de recuperación que tuvo el presidente luego de contagiarse de covid-19, las conferencias fueron conducidas por la secretaria de Gobernación, Olga Sánchez Cordero.[4]

La duración de las conferencias promedia un total de 108 minutos, ya que, al inicio, las conferencias del primer mes de gobierno en 2018 duraron en promedio 70 minutos, en 2019 promediaron 82 minutos, 109 minutos en 2020 y 114 minutos en 2021. La conferencia de mayor duración fue la del 11 de noviembre de 2020, en la que se trataron temas relacionados con la entrega de la condecoración Miguel Hidalgo en grado de banda a Jesús Seade Kuri por la negociación del T-MEC y el proyecto de reforma a la ley del Infonavit, a la cual asistieron 13 invitados. Por el contrario, la conferencia de menor duración fue la del 10 de mayo de 2021, en la que sólo se presentó un homenaje y

GRÁFICA 1. **DURACIÓN DE LAS CONFERENCIAS DE PRENSA DEL PRESIDENTE LÓPEZ OBRADOR Y TIEMPO DE PREGUNTAS Y RESPUESTAS, 1 DIC 2018*[5]**

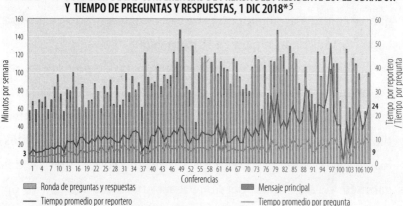

*Se ha ofrecido un total de 109 conferencias de prensa sin invitados.
Fuente: Elaboración propia con base en las conferencias de prensa del presidente López Obrador publicadas en la pagina páqina oficial de Presidencia de la República (https://www.qob.mx/presidencia/).

felicitación con motivo del Día de las Madres, acompañado de un festival con la cantante Eugenia León. No existe relación entre la duración de las conferencias y el número de temas tratados o el número de invitados en el pódium.

Como se observa en la gráfica 1, las conferencias de prensa cada vez han durado más en función del incremento en el tiempo que utiliza el presidente López Obrador para contestar, no por el número de preguntas que hacen las reporteras y los reporteros asistentes. De hecho, mientras que las y los representantes de los medios de comunicación "digitales" tienen más oportunidades que los demás medios para preguntar al presidente, y sus preguntas toman más tiempo en promedio que las del resto de sus colegas, López Obrador también toma más tiempo en contestar a las reporteras y los reporteros, lo que incrementa la duración de las conferencias. Es decir, las conferencias más largas no implican necesariamente más oportunidades para que se hagan preguntas al presidente, sino se extienden porque utiliza cada vez más tiempo para cada respuesta.

La creciente duración de las conferencias de prensa está relacionada también, en buena medida, con las otras actividades en su agenda diaria en la que, repetidamente, es la única actividad pública reportada por la Oficina de la Presidencia. Todos los días la conferencia de prensa es precedida por la reunión del gabinete de seguridad, del que forman parte los secretarios de Gobernación, de la Defensa, de Marina y de Seguridad y Protección Ciudadana, así como el comandante de la Guardia Nacional, y que, supuestamente, arranca a las seis de la mañana. El presidente López Obrador afirma que antes no se llevaban a cabo estas reuniones, y que conocer las cifras de la violencia y la inseguridad todos los días es una característica única de su gobierno. En todo caso, las reuniones diarias de seguridad, previas a las conferencias, poco o nada han contribuido a la reducción de los homicidios dolosos en México, cuyas cifras se muestran en niveles estables similares al punto más alto alcanzado a mediados de 2018. Más bien la información de las reuniones previas a la conferencia se ha usado para señalar a los estados que el día anterior tuvieron un número alto de homicidios o, en su caso, para mencionar que "las tendencias de violencia e inseguridad van a la baja", aunque sólo se muestra el caso del día previo para sustentar la afirmación del presidente.[6]

Según las cifras de SPIN, al 30 de noviembre de 2021, fuera del Palacio Nacional se han llevado a cabo 73 conferencias de

TABLA 6. **ASISTENCIAS Y PARTICIPACIONES DEL GABINETE (MUJERES Y HOMBRES) EN LAS CONFERENCIAS DE PRENSA DEL PRESIDENTE LÓPEZ OBRADOR, 1 DIC 2018-30 NOV 2021**

GABINETE (MUJERES)	ASISTENCIAS	PARTICIPACIONES	PARTICIPACIONES	ASISTENCIAS	GABINETE (HOMBRES)
Olga Sánchez Cordero (Segob)*	88	36	147	198	Luis Cresencio Sandoval (Sedena)
Rosa Icela Rodríguez (sspc)	65	48	63	146	José Rafael Ojeda (Semar)
Luisa María Alcalde (stps)	31	30	132	139	Marcelo Ebrard (sre)
Graciela Márquez (se)*	29	20	111	129	Jorge Alcocer (ssa)
Delfina Gómez Álvarez (sep)	25	23	41	83	Alfonso Durazo (sspc)*

* Ya no forman parte del Gabinete.
Fuente: Elaboración propia con base en las versiones estenográficas de la página oficial de Presidencia de la República (https://www.gob.mx/presidencia/).

prensa de lunes a viernes, la mayoría en instalaciones de cuarteles militares en los estados en los que el presidente se ha reunido con los gobernadores para tener la reunión de seguridad y posteriormente hacer una presentación durante la conferencia sobre las cifras de la entidad visitada. Los estados que más veces ha visitado el presidente son Veracruz (seis veces), seguido por Oaxaca, Quintana Roo y Sonora (cuatro veces), así como Baja California Sur, Campeche, Ciudad de México, Jalisco, Puebla, Tabasco y Yucatán (tres veces), a Chiapas, Chihuahua, Coahuila, Colima, Estado de México, Guanajuato, Guerrero, Hidalgo, Morelos, Nayarit, Nuevo León, Sinaloa y Zacatecas (dos veces), mientras que a Aguascalientes, Baja California, Durango, Michoacán, Querétaro, San Luis Potosí, Tamaulipas y Tlaxcala ha asistido una sola ocasión. Una vez comenzado el proceso electoral intermedio para renovar la Cámara de Diputados, 15 gubernaturas, 30 congresos locales y 1 926 presidencias

TABLA 7. **CONFERENCIAS DE PRENSA DEL PRESIDENTE LÓPEZ OBRADOR FUERA DE PALACIO NACIONAL, 1 DIC 2018-30 NOV 2021**

ESTADOS	CONFERENCIAS DE PRENSA
Veracruz	6
Oaxaca, Quintana Roo y Sonora	4
Baja California Sur, Campeche, Ciudad de México, Jalisco, Puebla, Tabasco y Yucatán	3
Chiapas, Chihuahua, Coahuila, Colima, Estado de México, Guanajuato, Guerrero, Hidalgo, Morelos, Nayarit, NuevoLeón, Sinaloa y Zacatecas	2
Aguascalientes, Baja California, Durango, Michoacán, Querétaro, San Luis Potosí, Tamaulipas y Tlaxcala	1

Fuente: Elaboración propia con base en las versiones estenográficas de la página oficial de Presidencia de la República (https://www.gob.mx/presidencia/).

municipales, el presidente López Obrador dejó de salir de gira, por lo que las conferencias de prensa se llevaron a cabo en el Palacio Nacional a partir del 31 de marzo de 2021.[7]

De esta manera, aprovechando la convocatoria a la reunión diaria del gabinete de seguridad, así como las giras a los estados con el argumento de presentar el informe de seguridad, los secretarios del gabinete de seguridad son quienes más veces han asistido a las conferencias. De acuerdo con cifras de SPIN, quien más veces ha asistido y participado es el secretario de la Defensa, Luis Cresencio Sandoval (198 asistencias y 147 participaciones al 30 de noviembre de 2021), seguido por el secretario de Marina, José Rafael Ojeda (146 asistencias y 63 participaciones); Marcelo Ebrard, secretario de Relaciones Exteriores (139 asistencias y 132 participaciones); Jorge Alcocer, secretario de Salud (129 asistencias y 111 participaciones); Alfonso Durazo, secretario de Seguridad y Protección Ciudadana (83 asistencias y 41 participaciones),[8] y Olga Sánchez Cordero, secretaria de Gobernación (88 asistencias y 36 participaciones).[9]

Los secretarios que más asisten y participan en las conferencias de prensa son, por lo regular, quienes más tareas y encargos reciben del presidente López Obrador. Por un lado, la asistencia y participaciones frecuentes del secretario de la Defensa a las conferencias de prensa se basan en las permanentes responsabilidades en materia de seguridad (incluyendo la creación y el fortalecimiento de la Guardia Nacional) y de apoyo a la población ante desastres naturales (Plan DN-III), así como las tareas asignadas especialmente por el presidente al Ejército. La Secretaría de la Defensa es la encargada de la construcción del Aeropuerto Internacional Felipe Ángeles en la Base Militar de Santa Lucía; la construcción de unos tramos del Tren Maya; la construcción de las sucursales del Banco de Bienestar; la construcción de las instalaciones de la Guardia Nacional; la rehabilitación de las instalaciones médico-militares que atienden a pacientes con covid-19, y la aplicación de las vacunas, entre las más destacadas.

Por otro lado, la presencia frecuente de los secretarios de Relaciones Exteriores y de Salud obedece a agendas coyunturales que se establecieron definitivamente en las conferencias de prensa del presidente. Al finalizar el primer año del gobierno, y en coincidencia con el arranque de la implementación del Instituto de la Salud para el Bienestar (Insabi) en lugar del Seguro Popular, cada martes desde el 16 de enero de 2020 en la conferencia de prensa se presentaría "El Pulso de la Salud", que daría detalle de los ajustes y las nuevas reglas a las que estarían sujetas las personas beneficiadas por el servicio de salud. Poco tiempo después, a partir de que la pandemia por covid-19 afectó a México, los martes se incluiría también un resumen de la información sobre los contagios y fallecimientos, así como las acciones del gobierno para contener la epidemia y tratar a las personas enfermas en instalaciones de gobierno incluyendo, posteriormente, la compra, arribo y aplicación de las vacunas contra el covid-19.[10] Mientras que Jorge Alcocer, secretario de Salud, asiste a las conferencias de prensa de los martes en un papel meramente simbólico, leyendo textos sin relevancia noticiosa, el canciller Marcelo Ebrard ha sido encargado de diversas acciones cruciales para la actual administración: desde la compra de las pipas que transportarían gasolina durante el desabasto surgido por el combate del gobierno a la compraventa ilegal de combustible, hasta los acuerdos con diversos países y empresas farmacéuticas para la reserva, compra y anuncio de llegada al país de las vacunas contra el covid-19, además de las actividades propias del secretario de Relaciones Exteriores, incluyendo la gestión de visita que llevó a cabo el presidente López Obrador, cuando se reunió con el entonces presidente de Estados Unidos, Donald Trump, el 7 de julio de 2020; así como la reunión entre los líderes de América del Norte que se llevó a cabo el 18 de noviembre de 2021, entre el presidente López Obrador, el presidente Joe Biden (Estados Unidos) y el primer ministro Justin Trudeau (Canadá).

Los secretarios que menos asisten a la conferencia de prensa son, evidentemente, quienes desempeñan un papel menor en la agenda del gobierno. Descontando a los secretarios que recién fueron nombrados, quienes menos han asistido y participado son el de Turismo, Miguel Torruco (cuatro asistencias y cuatro participaciones); de Agricultura y Desarrollo Rural, Víctor Villalobos (nueve asistencias y seis participaciones); de Cultura, Alejandra Frausto (10 asistencias y 6 participaciones); de Desarrollo Territorial y Urbano, Román Meyer (12 asistencias y nueve participaciones); y de Medio Ambiente y Recursos Naturales, María Luisa Albores (17 asistencias y 12 participaciones).[11] Los secretarios que ya no se encuentran en el gabinete fueron pocas veces a las conferencias, incluyendo a Josefa González-Blanco y Víctor Manuel Toledo, de Medio Ambiente y Recursos Naturales (una asistencia y una participación de González-Blanco, tres asistencias y tres participaciones de Toledo); Javier Jiménez Espriú, de Comunicaciones y Transportes (15 asistencias y ocho participaciones), Carlos Urzúa, de Hacienda y Crédito Público (seis asistencias y cuatro participaciones); e Irma Eréndira Sandoval, de la Función Pública (11 asistencias y cinco participaciones). Los secretarios que ya no están en el gabinete, pero que asistieron frecuentemente son Esteban Moctezuma, de Educación Pública (28 asistencias y 23 participaciones); Graciela Márquez, de Economía (29 asistencias y 20 participaciones); y Arturo Herrera, de Hacienda y Crédito Público (26 asistencias y 20 participaciones).[12]

Casi todos los casos de renuncias de los secretarios coinciden con su baja asistencia a las conferencias de prensa, asociados con conflictos al interior del gabinete, excepto el de Esteban

Moctezuma (quien fue, posteriormente, designado embajador de México en Estados Unidos) y el de Alfonso Durazo (quien fue candidato del partido Morena a la gubernatura de Sonora). Por tanto, llama la atención que en el combate a la corrupción, el turismo, el medio ambiente y los programas sociales cuatro de los temas cruciales para las acciones y obras del gobierno del presidente López Obrador cuenten con titulares de secretarías que han asistido pocas veces, incluyendo al nuevo secretario de la Función Pública, Roberto Salcedo (tres asistencias y cero participaciones); al de Turismo, Miguel Torruco, y a la de Bienestar, de Medio Ambiente y Recursos Naturales, María Luisa Albores.

Al 30 de noviembre de 2021, entre las funcionarias y los funcionarios del gobierno que no forman parte del gabinete legal, pero que han asistido más veces, se encuentran el vocero del gobierno, Jesús Ramírez (174 asistencias y 166 participaciones); el subsecretario de Prevención y Promoción de la Salud de la secretaría de Salud, Hugo López-Gatell (130 asistencias y 120 participaciones); el exprocurador Federal del Consumidor, Ricardo Sheffield (113 asistencias y 96 participaciones);[13] el director general del Instituto Mexicano del Seguro Social (IMSS), Zoé Robledo (74 asistencias y 52 participaciones);[14] el director del Petróleos Mexicanos (Pemex), Octavio Romero (26 asistencias y 23 participaciones); el subsecretario de Derechos Humanos, Población y Migración de la Secretaría de Gobernación, Alejandro Encinas (24 asistencias y 23 participaciones); el exdirector del Servicio de Administración y Enajenación de Bienes (hoy Instituto para Devolver al Pueblo lo Robado),

Ricardo Rodríguez (19 asistencias y 19 participaciones);[15] el director general de la Comisión Federal de Electricidad (CFE), Manuel Bartlett (13 asistencias y nueve participaciones); el extitular de la Unidad de Inteligencia Financiera de la Secretaría de Hacienda y Crédito Público, Santiago Nieto (nueve asistencias y ocho participaciones), y el fiscal general de la República, Alejandro Gertz (siete asistencias y seis participaciones).

La asistencia y participación de los funcionarios a las conferencias de prensa también han expuesto las prioridades del gobierno. La frecuencia con la que los funcionarios que no pertenecen al gabinete asisten a la conferencia ha correspondido a diversas situaciones que van desde el plan de fortalecimiento de Pemex y la CFE y el manejo de la pandemia por covid-19, hasta denunciar semanalmente a las gasolineras que venden gasolina cara o barata y la rifa del valor equivalente del avión presidencial. Asimismo, destacan las ausencias prolongadas de los funcionarios en momentos de crisis, dejando completamente al presidente López Obrador la responsabilidad de comunicar sobre los temas o, en su caso, de evadir responder las preguntas de las reporteras y los reporteros, ya sea a través de dar la palabra a quienes representan a los medios "digitales" y que se sientan en primera fila en el Salón Tesorería, o cambiando el tema, comentando que no cuenta con la información y comprometiéndose a que los funcionarios responsables atenderán las solicitudes de información.

En 22 ocasiones el presidente ha presumido en las conferencias de prensa que tiene un gabinete con igual número de integrantes mujeres y hombres al frente de las dependencias de su gobierno. Si bien es de esperar que el presidente de un gobierno con supuesta tendencia ideológica de izquierda impulse la participación y los temas de las mujeres, las secretarias asisten y participan en menos ocasiones que los secretarios, lo que en realidad revela las prioridades de lo que el presidente llama la "Cuarta Transformación". Hasta el 30 de noviembre de 2021, de acuerdo con las cifras de SPIN, por cada secretaria que asiste a las conferencias asisten tres secretarios (73% de los asistentes son hombres y 27% mujeres), proporción que ligeramente se amplía para las participaciones (75% de quienes toman la palabra son secretarios del gabinete y 25% secretarias), siendo la exsecretaria de Gobernación, Olga Sánchez Cordero, quien más asistió y participó, acaparando la mitad de las asistencias y participaciones de las mujeres del gabinete. Es decir, si dejáramos de lado a la secretaria Sánchez Cordero, la disparidad de asistencias y participaciones de mujeres y hombres del gabinete es aún más evidente: sin Sánchez Cordero, 21% de las asistencias y participaciones corresponden a las mujeres del gabinete.

La indiferencia del presidente hacia los temas de las secretarías encabezadas por mujeres va más allá de la prioridad de ciertos temas de gobierno. Las preguntas relacionadas con las secretarías de Bienestar, Cultura, Economía, Energía, Función Pública, Gobernación, Medio Ambiente y Trabajo, todas encabezadas por mujeres, quedan sin contestar al momento o, en su caso, son emplazadas a ser contestadas por las propias secretarias en el futuro, incluso fuera del espacio de la propia conferencia de prensa, lo cual es difícilmente verificable. La paridad que presume el presidente López Obrador en el nombramiento de igual número de mujeres que de hombres al frente de las secretarías de su gobierno está lejos de ser reflejada en las asistencias y participaciones en las conferencias de prensa diarias, que es el espacio predilecto de comunicación de su gobierno.

La ausencia de los temas relacionados con las mujeres se refleja en el uso del lenguaje y las expresiones del presidente en sus conferencias de prensa. En diversas ocasiones se ha mostrado incómodo ante preguntas sobre temas relacionados con la agenda feminista, argumentando que con considerarse a sí mismo como humanista es suficiente, y delegando el seguimiento de cualquier pregunta a la propia secretaria Sánchez Cordero, se encuentre o no en la conferencia de prensa en ese momento. La evasiva del presidente López Obrador de contestar preguntas relacionadas con violencia de género, feminicidios y aborto, entre otros, contrasta con la convocatoria a eventos llevados a cabo en las mismas conferencias de prensa en los que convoca a las mujeres de su gabinete y a las funcionarias del gobierno que están al frente de las dependencias encargadas de vigilar el cumplimiento de las normas adoptadas para la protección de los derechos de las mujeres en México.[16]

La diferencia en el tratamiento de los temas relacionados con los derechos de las mujeres quedó evidenciada durante las 10 conferencias de prensa en que la entonces secretaria de Gobernación, Olga Sánchez Cordero, sustituyó a López Obrador. Sánchez Cordero dejó de lado las palabras más mencionadas por el presidente y enfatizó los temas relacionados con los derechos de las mujeres que él evade, pospone, ignora o minimiza: de acuerdo con las cifras de SPIN, en las 10 conferencias de prensa en que sustituyó al presidente, la secretaria mencionó 43 veces "mujer/mujeres" (promedio de cuatro veces); cuatro veces "feministas/feminismo", y dos veces "machista/machismo", mientras que López Obrador, en 578 conferencias, mencionó 403 veces "mujer/mujeres" (menos de una vez, en promedio, por conferencia); 92 veces "feministas/feminismo", y 31 veces "machista/machismo". La secretaria Sánchez Cordero mencionó dos veces "violencia de género" y cuatro veces "aborto". El presidente, en todas las conferencias de lunes a viernes en más de dos años de gobierno, no ha mencionado nunca "violencia de género" y sólo una vez ha mencionado "aborto".

La reacción de López Obrador en las conferencias de prensa ante los temas relacionados con los derechos de las mujeres es un buen ejemplo del innecesario manejo selectivo de la información, así como de la falta de sensibilidad y de empatía frente a una causa en crisis que, en teoría, su gobierno debería acompañar de forma natural y robustecer de manera permanente. Desafortunadamente, la omisión del feminismo desde las conferencias de prensa no es única, y otros temas de crisis han corrido la misma suerte. Al escoger hablar de unos temas y no de otros, a pesar de que se encuentren en la opinión pública, el presidente aprovecha el efecto de *priming* en las conferencias de prensa, buscando determinar cuáles son los contenidos que serán utilizados para evaluar su desempeño. Así, en las conferencias de prensa, el presidente destaca los temas que le son favorables a su administración y niega, evade o pospone los temas que no presentan resultados favorables o que no cumplen las expectativas que su propio gobierno estableció.

Las conferencias de prensa de López Obrador han establecido una dinámica que poco se ha modificado desde el inicio de su gobierno, que incluye dar la palabra a ciertos periodistas y no a otros; convocar a ciertos funcionarios con más frecuencia que a otros; minimizar las crisis en vez de enfrentarlas, y atacar a sus enemigos, reales e imaginarios, especialmente a los medios de comunicación que dan seguimiento a sus acciones de gobierno. Si bien las conferencias de prensa duran cada vez más tiempo, eso no ha significado que el presidente responda más preguntas, difunda más información, discuta más temas o invite a más personas. La duración de las conferencias de prensa se ha incrementado porque habla cada vez más tiempo; en el siguiente capítulo se analiza su contenido.

NOTAS

[1] En la sala de prensa James S. Brady, dentro la Casa Blanca, en Estados Unidos, los medios que se sientan hasta el frente son las televisoras nacionales, junto con los diarios de circulación nacional, los canales de noticias por cable y algunas agencias internacionales de noticias. Atrás se sientan los medios públicos y los medios locales, seguidos de algunos invitados especiales. Las

reporteras y los reporteros que no cuenten con un lugar asignado pueden entrar, pero se mantienen de pie durante las conferencias. Gold (2015).

2 Se han hecho públicas diversas declaraciones de las reporteras y los reporteros que cubren las conferencias de prensa del presidente Andrés Manuel López Obrador. Jorge Monroy, corresponsal del periódico *El Economista*, expone que los representantes de los medios de comunicación llegan desde temprana hora para asegurar un lugar en la primera fila de reporteras y reporteros, mismo que les dará mayores probabilidades de hacer una pregunta al presidente. Monroy (2019).

3 Según entrevistas con diferentes periodistas que asisten a las conferencias y que pidieron no revelar sus nombres, después de varios cambios, se han llevado a cabo acuerdos por los cuales las reporteras y los reporteros se turnan diferentes días de la semana para asistir a las conferencias de prensa, por lo que no tienen que llegar tan temprano para asegurar su lugar.

4 Por no contar con el presidente López Obrador, las cifras de las conferencias de prensa conducidas por la secretaria Sánchez Cordero no forman parte del conteo de SPIN. Asimismo, las conferencias de prensa que se han llevado a cabo los fines de semana no forman parte de los conteos. El presidente López Obrador validó el conteo de SPIN de las conferencias de lunes a viernes cuando, al llegar a la conferencia de prensa número 500, hizo una mención en la conferencia de prensa del 24 de noviembre de 2020.

5 En la conferencia de prensa del 11 de febrero de 2021 el presidente López Obrador sólo tomó seis preguntas de dos medios de comunicación diferentes.

6 El 3 de junio de 2020, el presidente mencionó que el día anterior no se habían cometido homicidios en 12 estados del país.

Sin embargo, resaltó la permanencia de dicho crimen en el estado de Guanajuato: "Ayer no hubo homicidios en Campeche, es una entidad del país, un estado; sin embargo, en Guanajuato se registraron varios, lamentablemente. A ver si encuentran el reporte. Miren, esto es ayer. Doce estados sin homicidios ayer, total 71. Pero miren en Guanajuato, alcanzo a ver 20, que significa 28% del total, y eso es crimen organizado".

7 Antes de las elecciones del 6 de junio de 2021, el presidente llevó a cabo dos conferencias fuera de Palacio Nacional. La primera se llevó a cabo en Chetumal, Quintana Roo, el 3 de mayo de 2021. La segunda se llevó a cabo el 17 de mayo de 2021, en Torreón, Coahuila.

8 Alfonso Durazo renunció el 30 de octubre de 2020 para contender como candidato del partido Morena a la gubernatura de Sonora. Su lugar en la secretaría de Seguridad y Protección Ciudadana fue ocupado por Rosa Icela Rodríguez, quien ha asistido 65 veces y participado 48 veces.

9 Olga Sánchez Cordero renunció a la Secretaría de Gobernación el 26 de agosto de 2021, para regresar a su escaño en el Senado de la República. En su lugar fue nombrado Adán Augusto López, quien ha asistido 20 veces y participado en 13 ocasiones.

10 El 27 de febrero de 2020 se registró el primer contagio de covid-19 en México, por lo que se llevó a cabo una conferencia de prensa sobre el tema a las nueve de la noche. Al día siguiente el presidente López Obrador anunció en la conferencia de la mañana que se llevarían a cabo conferencias de prensa sobre covid-19 a las siete de la noche, de lunes a domingo, conducidas por el subsecretario de Salud, Hugo López-Gatell. Los "Martes del Pulso de la Salud" en las conferencias de prensa del presidente López Obrador recuperarían, prácticamente, la misma

información presentada la noche anterior por el subsecretario López-Gatell.

11 María Luisa Albores inició el gobierno como secretaria de Bienestar, nombramiento que dejó el 2 de septiembre de 2020 al entonces subsecretario Javier May, quien había presentado su renuncia a la Subsecretaría de Bienestar el 2 de marzo de 2020 por diferencias con la titular, misma que no fue aceptada por el presidente López Obrador.

12 Las fechas de las salidas del gabinete de las secretarias y los secretarios que no pertenecen al gabinete de seguridad son las siguientes: Josefa González-Blanco, el 25 de mayo de 2019; Carlos Urzúa, el 9 de julio de 2019; Javier Jiménez Espriú, el 23 de julio de 2020; Víctor Manuel Toledo, el 2 de septiembre de 2020; Graciela Márquez, el 7 de diciembre de 2020; Esteban Moctezuma, el 15 de enero de 2021; Irma Eréndira Sandoval, el 21 de junio de 2021; y Arturo Herrera, el 15 de julio de 2021.

13 Ricardo Sheffield renunció a su cargo el 15 de marzo de 2021 para contender como candidato de Morena a la alcaldía de ciudad de León, de la cual ya fue alcalde. Regresó a su cargo y a las conferencias el 2 de agosto de 2021.

14 Previamente, Zoé Robledo fungió como subsecretario de Gobernación hasta el 22 de mayo de 2019, cuando fue nombrado director general del IMSS.

15 El 22 de enero de 2020 fue publicado en el *Diario Oficial de la Federación* (DOF) el decreto por el cual se modificó el nombre al Instituto de Administración de Bienes y Activos (antes Servicio de Administración y Enajenación de Bienes, SAE), por Instituto para Devolver al Pueblo lo Robado (Indep). Ricardo Rodríguez renunció al Indep el 2 de junio de 2020 para buscar la titularidad de la Procuraduría de la Defensa del Contribuyente (Prodecon),

misma que sigue vacante. Ricardo Rodríguez fue sustituido por Jaime Cárdenas, quien no asistió a la conferencia de prensa del presidente López Obrador, antes de renunciar el 22 de septiembre de 2020, y ser sustituido por Ernesto Prieto, quien fuera el director de la Lotería Nacional, y quien ha asistido 14 veces y participado 13 veces.

[16] El 10 de mayo de 2019, Día de las Madres, el presidente López Obrador invitó a todas las funcionarias de su gobierno al frente de alguna dependencia. Posteriormente dio la palabra a su esposa y a Elena Poniatowska para que dieran un mensaje. Al final de la conferencia de prensa subió un grupo de mariachis para cantar "Las Mañanitas" con el presidente y las funcionarias. En cambio, las conferencias de prensa del 8 de marzo de 2020 y el 9 de marzo de 2021, que coincidieron con el Día Internacional de la Mujer, y en las que crecientemente la opinión pública se refería a las demandas de organizaciones en defensa de los derechos de las mujeres, fueron usadas por el presidente para convocar a las funcionarias de su gobierno para que fueran ellas quienes respondieran a las preguntas de las y los periodistas. En todo caso, López Obrador minimizó su interacción con los temas relacionados con las mujeres, y al final convocó a tomarse una fotografía con las asistentes y a que sus ayudantes coordinaran una porra a su favor, misma que no presentó el ánimo suficiente y se escuchó desangelada.

4

Radiografía de gobierno:
frases y palabras frecuentes

El presidente López Obrador ha señalado que las conferencias de prensa diarias son una "garantía al derecho de información", que establecen un "diálogo circular" con los medios de comunicación (llamadas de igual forma durante su gestión como jefe de Gobierno del Distrito Federal en 2000) y que representan un ejercicio de transparencia, rendición de cuentas y de información. En diversas ocasiones también ha mencionado que las conferencias de prensa son la oportunidad para que su gobierno, en general, y el propio presidente, en particular, ejerzan su derecho de réplica, para aclarar o combatir noticias publicadas por medios de comunicación que señalan las acciones de su administración. En acciones contradictorias, ha usado la conferencia de prensa para atacar a los medios de comunicación que convoca diariamente, y a los que contrata para difundir diversas campañas y hasta para solicitarles enlaces en vivo al momento de emitir mensajes que su gobierno considera de trascendencia nacional.[1]

Desde el inicio del gobierno las conferencias de prensa no han cumplido la expectativa de brindar información a la ciudadanía a través de los medios de comunicación. Duran más cada vez porque el presidente habla más tiempo, no porque conteste más preguntas o porque detalle más información. De hecho, para alejarse de la respuesta a temas concretos, ha escogido frecuentemente cambiar el tema, al evocar referencias históricas o afirmaciones que no se pueden probar, y posponer las respuestas al encargar a funcionarios de su gobierno que den seguimiento al tema, lo que ocupa prácticamente la totalidad del tiempo de sus respuestas, que han llegado a ser de más de 45 minutos para un solo reportero.[2]

Las respuestas de López Obrador en las conferencias de prensa son generales, repetitivas y, por tanto, poco noticiosas. A pesar de que sus respuestas no son novedosas y la mayoría de las veces carecen de fundamento, el presidente se ha quejado de que los medios de comunicación no publican lo que dice en las conferencias de prensa. La expectativa que el presidente López Obrador ha establecido de que su gobierno representa la Cuarta Transformación, a la altura de la Independencia, la Reforma o la Revolución mexicana, se desvanece al no contar con información diaria que demuestre los cambios que supuestamente debieran ocurrir. Más que una conferencia de prensa de más de dos horas de lunes a viernes, la Cuarta Transformación requeriría un canal que transmitiera 24 horas ininterrumpidamente las acciones de gobierno y los testimoniales de las miles de personas beneficiadas. Por el contrario, en la mayoría de las conferencias de prensa diarias el presidente repite anécdotas históricas, chistes y ataques a enemigos, reales e imaginarios. En el mejor de los casos porque no cuenta con suficientes acciones de gobierno que presumir diariamente. En el peor, porque privilegia la propaganda sobre la información, lo que resta espacio a la difusión de las acciones de su gobierno.

Las palabras más mencionadas por el presidente López Obrador en sus mensajes y en sus respuestas a las reporteras y los reporteros que acuden a las conferencias de prensa sugieren que el contenido se orienta más a la propaganda que a la información, la transparencia y la rendición de cuentas. De acuerdo con cifras de SPIN, hasta el 30 de noviembre de 2021 las palabras más mencionadas por el presidente en 740 conferencias de prensa se muestran en el cuadro 8.

El frecuente número de veces que López Obrador menciona al pueblo ("el pueblo bueno"; "el pueblo sabio"; "tonto

TABLA 8. **PALABRAS MÁS MENCIONADAS POR EL PRESIDENTE LÓPEZ OBRADOR EN SUS CONFERENCIAS DE PRENSA, 1 DIC 2018-30 NOV 2021**

PALABRA	TOTAL	PROMEDIO POR CONFERENCIA
Pueblo	7 160	9.7
Corrupción	5 878	7.9
Conservador (y derivados)	2 158	2.9
Neoliberal (y derivados)	1 909	2.6
Pemex	1 760	2.4
Imagínense	1 656	2.2

Fuente: Elaboración propia con base en las versiones estenográficas de la página oficial de Presidencia de la República (https://www.gob.mx/presidencia/).

es el que piensa que el pueblo es tonto") está en línea con el objetivo de los gobernantes que eligen una herramienta de comunicación orientada a interactuar directamente con la gente. Así como otros presidentes usaron en su momento la radio, la televisión y las redes sociales, el actual evoca al pueblo, de forma abstracta, para justificar sus acciones de gobierno: desde la intención de comunicarse en directo (supuestamente con una labor pedagógica), pasando por su defensa contra los intereses de las élites (creando la polarización necesaria para justificar cualquier acción de gobierno), hasta enfrentarlo contra las propias reglas, leyes e instituciones (es mejor preguntarle al pueblo a través de consultas, aunque vayan en contra de la ley). Sin definirlo a detalle intencionalmente, el presidente López Obrador se refiere al "pueblo" más de 10 veces en promedio en cada una de sus conferencias de prensa, defendiéndolo y exaltándolo, siempre con la finalidad de que cualquiera que simpatice con su causa se identifique y no quede fuera.

La defensa del pueblo está motivada, según López Obrador, por el combate a la corrupción, el mantra que lo llevó a ganar la presidencia en 2018 después de dos intentos previos, y que ha sido su reproche permanente en contra de los partidos políticos que han gobernado antes de su llegada a la presidencia. La corrupción, de acuerdo con él, es el origen y fundamento de cualquier situación que evalúa como negativa en México y que, según afirma, su gobierno ya eliminó o está erradicando. De hecho, el presidente López Obrador ha sacado un pañuelo blanco 22 veces en las conferencias de prensa para afirmar que ya se acabó la corrupción, una afirmación que, por ambigua, no se puede demostrar, pero que genera un debate entre los que lo apoyan y los que no, polarizando y dando de qué hablar. La corrupción es mencionada por el presidente más de ocho veces en promedio por conferencia, pues cualquier problemática actual la adjudica a la corrupción del pasado y, por tanto, al acabar con la corrupción, como afirma, terminarán todos los problemas.

La corrupción que ha experimentado México, señala el presidente, fue generada por gobiernos anteriores, liderados por sus adversarios, a quienes denomina "conservadores". Usando referencias históricas en las que los enemigos de México han sido siempre los "conservadores", López Obrador, quien se autodefine como "liberal", los combate todas las mañanas en sus conferencias de prensa. Según él, sus adversarios en la actualidad son "conservadores corruptos" y lo critican porque se oponen a la "Cuarta Transformación" que su gobierno "liberal" está llevando a cabo.

Los conservadores a los que hace referencia incluyen a los gobernantes inmediatos previos, a los medios de comunicación, a las organizaciones de la sociedad civil, a las y los intelectuales, a las redes sociales, a las empresas extranjeras con actividades en México, y a una larga serie de villanos históricos que menciona durante las conferencias de prensa. El discurso del conflicto es claro: el presidente López Obrador favorece al pueblo frente a las "élites conservadoras corruptas", como lo hicieron los héroes patrios en el pasado, insertando así a su gobierno, denominado como la "Cuarta Transformación", en la épica histórica de México.

Según lo ha explicado López Obrador en las conferencias de prensa, los "conservadores corruptos" están relacionados, principalmente, con los gobiernos que le precedieron desde que él está activo en la política. El periodo que denomina "neoliberal" abarca de 1982 a 2018, administraciones a cargo de los presidentes Miguel de la Madrid, Carlos Salinas, Ernesto Zedillo, Vicente Fox, Felipe Calderón y Enrique Peña.[3] López Obrador equipara los 36 años de los sexenios de los presidentes anteriores a él con los 34 años de la dictadura de Porfirio Díaz a inicios del siglo XX, y que precedió a la Revolución mexicana de 1910. La similitud que busca establecer tiene el objetivo de calificar tanto su elección como su gobierno como una revolución y, por tanto, el siguiente punto de inflexión en la historia de México, la "Cuarta Transformación".

La "mafia del poder", como denomina a la élite gobernante durante su carrera política, incluye a todos los funcionarios que trabajaron durante los años de 1982 a 2018, calificándolos como corruptos o como cómplices de actos de corrupción. El combate a la corrupción durante el periodo neoliberal llevó al presidente López Obrador a enviar una iniciativa de consulta popular para enjuiciar políticamente a los expresidentes, a pesar de que cada vez que la anunció en las conferencias de prensa aclaró que estaba en contra. Incluso, al anunciar el texto de la iniciativa enviada al Congreso mencionó que el periodo neoliberal abarcaba desde 1998, no desde 1982, como había señalado en todas las demás ocasiones. Más aún, las menciones a Miguel de la Madrid, presidente de 1982 a 1988, son prácticamente

TABLA 9. **MENCIONES DEL PRESIDENTE LÓPEZ OBRADOR A EXPRESIDENTES DE MÉXICO Y HÉROES PATRIOS EN LAS CONFERENCIAS DE PRENSA, 1 DIC 2018-30 NOV 2021**

HÉROES PATRIOS	MENCIONES	MENCIONES	EXPRESIDENTES DE MÉXICO
Benito Juárez	482	606	Carlos Salinas de Gortari (1988-1994)
Francisco I. Madero	455	557	Felipe Calderón (2006-2012)
Lázaro Cárdenas	222	309	Enrique Peña Nieto (2012-2018)
José María Morelos	123	276	Vicente Fox (2000-2006)
Miguel Hidalgo	106	220	Ernesto Zedillo (1994-2000)
		9	Miguel de la Madrid (1982-1988)

Fuente: Elaboración propia con base en las versiones estenográficas de la página oficial de Presidencia de la República (https://www.gob.mx/presidencia/).

inexistentes en comparación con las de los demás expresidentes, lo que se debe a dos razones: la primera, que López Obrador fue funcionario gubernamental durante la administración de De la Madrid, y la segunda, porque el expresidente De la Madrid falleció en 2012, por lo que decidió no incluirlo en la lista de expresidentes a consulta de juicio. El neoliberalismo que, según él, abarca 36 años, sólo dura 30 años cuando se trata de enjuiciar políticamente a los expresidentes.[4]

Las referencias al neoliberalismo incluyen menciones frecuentes a los seis expresidentes anteriores a él, incluso más que a los héroes patrios que protagonizan el logotipo de su gobierno: Miguel Hidalgo y José María Morelos, héroes de la Independencia de México; Benito Juárez, protagonista de la guerra de Reforma; Francisco I. Madero, héroe de la Revolución mexicana, y Lázaro Cárdenas, presidente posrevolucionario que expropió el petróleo. Mientras que Juárez y Madero son los más mencionados, Hidalgo y Morelos, héroes de la Independencia, no son referenciados tan frecuentemente, pues la Independencia le resulta de menor interés.

Llama la atención que el presidente López Obrador ha buscado establecer una similitud con Benito Juárez, la figura histórica que más menciona, del que más recupera frases y repite sus postulados, al grado de afirmar que él mismo "es Juárez gobernando".[5] De la misma forma que otros mandatarios evocan a figuras históricas y héroes nacionales, tal cual Hugo Chávez y Nicolás Maduro en Venezuela mencionan a Simón Bolívar, o Donald Trump recordaba a Abraham Lincoln, López Obrador centra la narrativa épica personal y de su mandato en la trayectoria y legado de Benito Juárez.

Por otro lado, sus referencias a Francisco I. Madero son en relación con las supuestas campañas de los medios de comunicación en contra de su gobierno, afirmando 22 veces que, desde los tiempos de Madero, ningún presidente ha sido atacado como él. Asimismo, se refiere a Francisco I. Madero cuando ha reiterado que no buscará la reelección:[6] ha mencionado 149 veces la palabra *reelección/reelegirse*, un promedio de una vez por semana. A pesar de estar prohibida en la Constitución, el presidente López Obrador ha leído cartas en las conferencias de prensa en las que asegura que no buscará la reelección, y ha mencionado 21 veces que, al terminar su mandato de seis años en 2024, se irá a La Chingada, la quinta de su propiedad en Tabasco.

Ha afirmado que durante el periodo neoliberal imperó la corrupción, que ni siquiera en los tres siglos de la Colonia hubo tanto saqueo como en los 36 años de neoliberalismo en México, y que el neoliberalismo ha resultado en un rotundo fracaso, todas afirmaciones debatibles por no ser comprobables. No obstante, a pesar de que los conceptos *neoliberal, conservador, izquierda* o *derecha* no son claros para la mayoría de los mexicanos,[7] el presidente López Obrador les ha adjudicado a sus adversarios las etiquetas que los catalogan como neoliberales, conservadores y de derecha ("fachos"), por lo que ha tenido que adjudicarles el complemento de corruptos, sobre lo que no hay discusión ideológica de por medio. Sin explicación teórica alguna, pues revelaría que algunos aspectos de su personalidad, de sus actitudes y su comportamiento y, sobre todo, de las políticas públicas de su gobierno son contrarios a la izquierda progresista que dice representar, utiliza las menciones para calificar a sus adversarios para generar la división, la polarización y el debate que refuerzan su campaña permanente que le permite dar de qué hablar. Más aún, el alcance del enfrentamiento del presidente con lo que llama la "derecha conservadora corrupta", es decir, sus adversarios, llega hasta calificarlos como clasistas y racistas, lo cual recrudece el enfrentamiento entre el pueblo y las élites, esencia del conflicto que los gobiernos populistas utilizan para legitimar sus acciones de gobierno.[8]

Desde sus inicios como candidato, López Obrador ha enfatizado que la desigualdad, provocada por la corrupción, es el mayor problema de México, y que su objetivo siempre ha sido compensar a los más desfavorecidos: "Por el bien de todos, primero los pobres". Sus programas sociales, tal como los implementó cuando fue jefe de Gobierno del Distrito Federal, consisten principalmente en ayudas económicas en efectivo que, contrario a los programas previos de combate a la pobreza de manera multidimensional, tienen un impacto debatible en la reducción de la pobreza. Lo que sí es evidente es que esos programas sociales, lejos de las políticas públicas que se implementan en los modelos de Estado de bienestar, generan una clientela electoral que ha mantenido a su grupo político en el poder, desde su paso como jefe de Gobierno en la capital del país, y que ahora busca establecer a nivel federal desde la presidencia de la República.

El financiamiento de los programas sociales se obtendría de la venta y refinación del petróleo. Las frecuentes menciones a Lázaro Cárdenas y a Petróleos Mexicanos (Pemex) por parte del presidente López Obrador en las conferencias de prensa se relacionan con el objetivo de utilizar a la empresa productiva del Estado mexicano como la palanca del desarrollo, crecimiento y financiamiento de sus programas sociales. Su plan es que México sea autosuficiente en la refinación de gasolinas, rehabilitando las seis refinerías existentes y construyendo una nueva en el puerto Dos Bocas, en el estado de Tabasco. No obstante, las tendencias decrecientes en el consumo del petróleo a nivel mundial, la autosuficiencia energética de países como Estados Unidos y, en especial, la parálisis económica por la pandemia por covid-19, entre otros factores, redujeron a cero el

GRÁFICA 2. **MENCIONES MENSUALES DEL PRESIDENTE LÓPEZ OBRADOR A PEMEX Y PRODUCCIÓN PETROLERA PEMEX, 1 DIC 2018 - 30 NOV 2021**

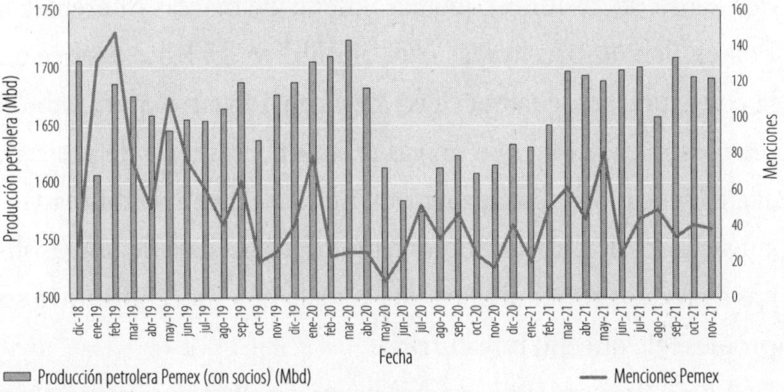

Producción petrolera Pemex (con socios) (Mbd) — Menciones Pemex

Fuente: Reporte de Pemex sobre su producción de hidrocarburos líquidos
(https://www.pemex.com/ri/Publicaciones/Indicadores%20Petroleros/eprohidro_esp.pdf) y
La página oficial sobre la producción de petróleo y gas (https://produccion.hidrocarburos.gob.mx/)

precio del petróleo a nivel mundial en 2020, afectando los ingresos de México y, por tanto, lo necesario para que el gobierno de López Obrador financiara sus programas sociales.

La confianza del presidente en el petróleo mexicano para financiar su proyecto de gobierno está basada en un modelo de desarrollo económico de finales de la década de 1970, cuando la dependencia de México de los ingresos petroleros generó una de las peores crisis económicas del siglo XX después de que los precios internacionales del petróleo cayeron precipitadamente. No obstante, él afirma que debe usarse el petróleo para el desarrollo nacional, insinuando que no le cuesta al país, pues ha mencionado siete veces que "la naturaleza no cobra renta". Su gobierno busca recuperar la relevancia de Pemex como insumo principal de las finanzas públicas, revirtiendo las reformas recientes en materia energética que permitieron la inversión

89

extranjera en el sector y hasta evidenciando, en las conferencias de prensa de los lunes, qué gasolineras de marcas diferentes a Pemex dan un precio más caro al público. El lento avance en la construcción de la nueva refinería en Tabasco (que también se muestra cada lunes en un video en la conferencia de prensa), el alto precio del petróleo a nivel mundial y la imposibilidad de subsidiar el precio han incrementado los precios de las gasolinas a niveles previos al inicio del actual gobierno, contrario a su promesa de que eso no ocurriría.

La primera crisis de la administración del presidente López Obrador estuvo relacionada con el petróleo y las gasolinas, cuando se produjo un desabasto de éstas en diversas ciudades del país, incluyendo la Ciudad de México. Su respuesta fue que estaban combatiendo el tráfico ilegal de combustibles, conocido popularmente como "huachicol". El manejo de esa crisis en las conferencias de prensa estuvo enfocado en utilizar la comunicación más como propaganda que en proporcionar información, en la transparencia y la rendición de cuentas. Llamó la atención que durante 46 días que duró la crisis el director de Pemex, Octavio Romero, asistiera sólo siete veces, mientras que la secretaria de Energía, Rocío Nahle, asistiera sólo en seis ocasiones. El punto más crítico se presentó al momento de la explosión en uno de los ductos de gasolina en Tlahuelilpan, Hidalgo, el 18 de enero de 2019, tragedia en la que fallecieron 137 personas y que obligó a trasladarse al presidente López Obrador al lugar varias horas después, y a llevar a cabo dos conferencias de prensa durante los dos días posteriores a la explosión.

Explicó lo que sucedía con el abasto de gasolinas, con el robo de combustible, el tiempo de reacción y el deslinde de responsabilidades en la explosión de Tlahuelilpan, la mitigación del daño con los familiares de las víctimas y el plan para solucionar el desabasto, incluyendo la compra de camiones-tanque escoltados por las Fuerzas Armadas.

En el informe trimestral del 1.º de diciembre de 2020 el presidente López Obrador afirmó que se habían ahorrado un billón 300 000 millones de pesos por el combate al robo de combustible, lo cual es difícil de comprobar y cuya información ha sido cuestionada en diversas investigaciones periodísticas. La ausencia de los funcionarios clave, así como la opacidad en las cifras y las acciones durante la crisis del huachicol y la explosión en Tlahuelilpan son un buen ejemplo del manejo de una crisis y del perfil propagandístico de las conferencias de prensa.

Las respuestas del presidente en momentos de crisis del gobierno durante las conferencias de prensa frecuentemente se orientan hacia una analogía histórica, una anécdota o simplemente una reflexión, y en la mayoría de los casos no cuentan con documentos que las sustenten. Ante momentos difíciles, la táctica elegida por López Obrador es "contextualizar" en vez de contestar, por lo regular basándose en episodios históricos o anécdotas personales que inician cuando dice: "Imagínense…" Las conferencias de prensa duran más tiempo porque cada vez recurre más a platicar sobre eventos o situaciones que no ocurren durante su administración pero que, según él, permiten justificar los errores y omisiones de su gobierno.

En sus conferencias de prensa diarias desvía las respuestas de las preguntas difíciles hacia situaciones y contextos que se han presentado en otros gobiernos; minimiza las crisis actuales comparándolas con catástrofes históricas, perdiendo la oportunidad de enfrentarlas y demostrar el funcionamiento de su gobierno, y destaca más lo que considera errores de administraciones pasadas en vez de destacar los aciertos de la suya, que denomina la "Cuarta Transformación", lo que representa un alto costo de oportunidad.

Mientras que López Obrador destaca en las conferencias de prensa los temas relacionados con la narrativa épica de lo que ha denominado la "Cuarta Transformación", evita hablar de temas en los que los resultados son nulos o no favorables, como la inseguridad. A pesar de que estableció que el día 20 de cada mes habría un reporte en la conferencia sobre la incidencia delictiva, e insistir que cada mañana, a las seis, previo a la conferencia de prensa (a diferencia de lo que, afirma, se hacía en administraciones pasadas), se reúne con los integrantes del gabinete de seguridad (Defensa, Guardia Nacional, Gobernación, Marina y Seguridad y Protección Ciudadana), los homicidios dolosos, el principal indicador de la violencia, se mantienen en los mismos altos niveles de cuando comenzó su administración, lo que cuestiona la estrategia de seguridad implementada por su gobierno. Si bien durante la campaña por la presidencia proponía, vagamente, que se cambiaran los balazos por abrazos (como si el problema de la violencia y la inseguridad se derivara de simples desacuerdos entre personas, y no de la disputa por los territorios y los negocios de las organizaciones dedicadas al crimen organizado, incluyendo narcotráfico, extorsión y secuestro, entre otros), y en las conferencias de prensa ha repetido tres veces que "acusaría a los delincuentes con sus madres", y 94 veces que "todos debemos portarnos bien", la respuesta del gobierno frente al diagnóstico ha sido, en el mejor de los casos, incompleta, y en el peor, equivocada.

El plan del gobierno para combatir el crimen organizado establece, por una parte, que a través de los programas sociales la ciudadanía tenga más oportunidades de trabajo, así como un ingreso que la aleje de dinero fácil o amenazas de parte de los criminales; por otro lado, propone la creación de la Guardia Nacional, que sustituye a la extinta Policía Federal, que se nutre en un inicio de elementos del Ejército y de la Marina, pero que irán reemplazándose conforme se recluten civiles. Durante las conferencias de prensa el presidente López Obrador ha mencionado 1 072 veces a la Guardia Nacional, cuyo despliegue en 266 cuadrantes territoriales sería la respuesta al avance de la delincuencia organizada.

La caída constante en el número de las menciones de la Guardia Nacional por parte del presidente en las conferencias de prensa coincide con que la estrategia de seguridad, independientemente de su diagnóstico e implementación, no ha dado los resultados esperados. No existen mediciones que demuestren que los ingresos obtenidos por los programas sociales alejen a los ciudadanos de las redes del crimen organizado; no existen señales que indiquen que la actividad de las organizaciones

TABLA 10. **MENCIONES ANUALES DEL PRESIDENTE LÓPEZ OBRADOR A LA GUARDIA NACIONAL, 1 DIC 2018-30 NOV 2021**

AÑO	MENCIONES
2018	26
2019	470
2020	276
2021	300

Fuente: Elaboración propia con base en las versiones estenográficas de la página oficial de Presidencia de la República (https://www.gob.mx/presidencia/).

criminales se haya limitado por la presencia de la Guardia Nacional o de las Fuerzas Armadas, y la violencia no se ha reducido, pues el número de homicidios dolosos permanece en niveles similares a los reportados al inicio de su administración. No obstante, cuando es cuestionado en relación con el tema, se deslinda transfiriendo la responsabilidad a los gobernadores de los estados con más altos índices de violencia, señalándolos de no actuar de forma coordinada con el gobierno federal y de no levantarse temprano, como él lo hace, para atender el tema diariamente.

El objetivo de Obrador de minimizar la crisis de seguridad lo ha llevado a comunicar mensajes de triunfalismo, justo en el momento en el que la realidad lo desmiente contundentemente. Asimismo, ha llegado a proyectar, en repetidas ocasiones, una clara falta de empatía con los familiares de las víctimas de violencia en diversas zonas del país.[9] La información y transparencia que se deberían reflejar en las conferencias de prensa se ven relegadas por los propios dichos del presidente, dejando de lado las cifras y mostrando sus opiniones y versiones, no comprobadas, de los hechos que ocurren en el país.

En la conferencia de prensa del 14 de noviembre de 2019 el secretario de Seguridad y Protección Ciudadana, Alfonso Durazo, afirmaba que se presentaba un "punto de inflexión" en la violencia, es decir, un descenso en el número de homicidios dolosos, lo que fue pronto descartado por los hechos violentos de los días posteriores[10] y una nueva alza en la tendencia de homicidios dolosos de las siguientes semanas. Apenas tres días después, el jueves 17 de octubre, el gobierno del presidente López Obrador fallaba en su intento de capturar a Ovidio Guzmán, hijo del narcotraficante Joaquín "el Chapo" Guzmán, en Culiacán, Sinaloa. Tras las contradicciones sobre si existían o no los documentos legales que les permitirían a las Fuerzas Armadas detenerlo, los enfrentamientos con los criminales que ocasionaron la muerte de 13 civiles, la fuga de reos del penal de Aguaruto, así como amenazas de ataques a los cuarteles de la región militar, Ovidio Guzmán no fue detenido. La crisis de seguridad en Culiacán pronto se convirtió en una crisis de comunicación: el presidente López Obrador no dio declaraciones durante ese día, y mantuvo su plan de gira a Oaxaca, en vez de reunirse con los secretarios del gabinete de seguridad. Durante 13 días se presentaron, al menos, seis versiones oficiales que contradecían entre sí a los secretarios del gabinete de seguridad hasta que, finalmente, el 30 de octubre de 2019, nueve conferencias de prensa diarias después (en las que se llevaron a cabo eventos protocolarios, incluyendo entrega de premios), el secretario de la Defensa Nacional, el general Luis Cresencio Sandoval, presentaba un reporte detallado de los hechos, sin que por ello se eliminara por completo la especulación, pues no se permitieron preguntas después de su exposición. Contrario a la costumbre de los presidentes anteriores de convocar la reunión del gabinete de seguridad en la entidad que experimenta actos violentos perpetrados por criminales, el presidente López Obrador no viajó a Culiacán sino hasta el 4 de agosto de 2020 (llevando a cabo la conferencia de prensa al día siguiente), lo que se interpretó, en su momento, como un intento por deslindarse del aspecto negativo del fallido operativo por detener a Ovidio Guzmán en Culiacán, Sinaloa.

Apenas unos días después de que se presentara la versión oficial del caso Ovidio Guzmán, el 4 de noviembre de 2019 fueron ejecutados nueve integrantes de las familias LeBarón, Langford y Miller, por supuestos sicarios del crimen organizado, en el municipio de Bavispe, en el límite entre Sonora y Chihuahua. El presidente no sólo buscó evadir el tema en las conferencias de prensa, sino que, a pesar de múltiples llamados de los familiares, evitó reunirse de inmediato con ellos, lo que finalmente ocurrió hasta el 3 de octubre de 2020, 11 meses después de los hechos.[11] En comparación con otros temas centrales en las conferencias de prensa, las aisladas referencias sobre la seguridad demuestran que no es el tema sobre el que le gustaría que fuera evaluado su gobierno. Más aún, la falta de empatía de López Obrador ha sido evidente con los familiares de las víctimas de la violencia, con las mujeres y sus demandas, así como con los familiares de las víctimas de la pandemia por covid-19, a pesar de autodefinirse como "humanista" (lo ha mencionado 28 veces), y de ubicarse ideológicamente en la izquierda liberal-progresista.

Quizá el presidente demuestre más su falta de empatía cuando genera expectativas que no cumple, o que son difíciles o imposibles de cumplir. Destacan dos promesas que mencionó en campaña y reiteró ya en el gobierno, sin que hasta el momento se hayan resuelto o que quizá nunca se cumplan: el caso Ayotzinapa y Pasta de Conchos. López Obrador prometió que daría con el paradero de los estudiantes de la Normal de Ayotzinapa desaparecidos en Iguala, Guerrero. Sin que hasta el momento haya avances sustantivos en las investigaciones, se ha dejado libres a presuntos implicados y se ha desacreditado la versión de la administración anterior. Las acciones han incluido 12 reuniones con los familiares de los estudiantes desaparecidos, la propuesta de erigir un memorial, y la permanente promesa de que se utilizarán todos los recursos disponibles para encontrarlos. El tema ha sido delegado al subsecretario de Derechos Humanos, Población y Migración de la Secretaría de Gobernación, Alejandro Encinas, cuyas 24 asistencias a la conferencia de prensa han sido relacionadas, en parte, con el caso Ayotzinapa.

El 19 de febrero de 2006 la explosión en la mina de carbón Pasta de Conchos, en Nueva Rosita, Coahuila, atrapó a 63 mineros. El riesgo de nuevas explosiones al momento de intentar el rescate no ha sido obstáculo para que el presidente prometa a los familiares de los mineros, 12 años después de la explosión, que se recuperarán los cuerpos. De la misma forma que en el caso de Ayotzinapa, ha prometido 14 veces en las conferencias de prensa que se rescatarían los cuerpos sin vida de los mineros atrapados en Pasta de Conchos. Hasta el momento, sin avances en la búsqueda y rescate de los cuerpos, el gobierno ofreció en cambio a los familiares un memorial, mismo que ha sido rechazado. El presidente López Obrador ha asistido tres veces a reuniones con los familiares, y ha delegado el tema a la secretaria del Trabajo, Luisa María Alcalde, quien ha asistido 31 veces y ha participado 30 veces en las conferencias de prensa, de las cuales dos asistencias han sido relacionadas con el caso Pasta de Conchos. Es decir, en dos temas que conmocionaron a la opinión pública, y que fueron aprovechados políticamente por López Obrador en sus campañas por la presidencia, ya en el gobierno demuestra que las expectativas que reitera en las conferencias de prensa no se cumplen y que las alternativas de soluciones que ha ofrecido no son satisfactorias para los familiares de las víctimas.

Otra muestra de la falta de empatía del presidente se ha justificado, con frecuencia, con el combate a la corrupción y la política de austeridad que predica su administración. En especial, el rediseño de la política social del gobierno actual ha implicado recortes a programas sociales que anteriormente tenían como objetivo reducir la pobreza apoyando a las familias de más escasos recursos. La cancelación de las guarderías infantiles subrogadas por el Instituto Mexicano del Seguro Social a privados, a cambio de que el gobierno entregara una ayuda directa en efectivo a las madres de familia, y López Obrador pidiera que las abuelas y los abuelos cuidaran a los niños mientras los padres salieran a trabajar, es un ejemplo claro. Argumentando que el neoliberalismo ha desintegrado a las familias mexicanas, de inmediato las guarderías dejaron de funcionar por falta de recursos, y complicó a las familias que requerían más que dinero para cuidar a sus hijos pequeños cuando estuvieran fuera de casa.

La opinión del presidente en las conferencias de prensa sobre las organizaciones de la sociedad civil (OSC) cambió una vez que se arrancó la implementación de los programas sociales, especialmente con aquellas organizaciones cuya función representara cualquier tipo de intermediación en la entrega directa de recursos en efectivo por parte del gobierno a los ciudadanos. Si bien López Obrador parecía no tener una agenda especial en contra de las OSC en los primeros meses de su administración, al momento de arrancar los programas sociales, entregas que tuvieron que ser adelantadas para ayudar a las víctimas y familiares afectados por la explosión del ducto de gasolina en Tlahuelilpan, el tono de las referencias a las OSC se modificó: antes del arranque de los programas sociales, a finales de enero y febrero de 2019, había mencionado tres veces a las OSC en ocho semanas, siempre de forma favorable o neutra; una vez arrancados los programas sociales, mencionó a las OSC 29 veces en seis semanas, siempre de forma negativa, acusándolas incluso de estar financiadas por organismos extranjeros. Con la finalidad de establecer un mecanismo directo de entrega de recursos en efectivo a las familias con menos recursos, el presidente difamó y demeritó la labor de las osc.

En todo caso, López Obrador ha manifestado varias veces en las conferencias de prensa que no se siente mal al no expresar su empatía con las víctimas de tragedias, de violencia o de decisiones administrativas de su gobierno, y ha afirmado 157 veces que su "autoridad moral" le es suficiente para estar "tranquilo con su conciencia" (33 veces). Las opiniones, calificaciones y juicios que emite en las conferencias de prensa son declaraciones subjetivas, apartados del marco legal, a pesar de que dichas conferencias sean un acto de autoridad del jefe de Estado y de gobierno, desde el Palacio Nacional, junto a la bandera y escudo nacionales, y con la utilización de recursos públicos. Es decir, en la amplia mayoría de las ocasiones la moral (mencionada 850 veces) es el parámetro del juicio del presidente en las conferencias de prensa, a pesar de que ha mencionado 49 veces que "al margen de la ley, nada, por encima de la ley, nadie", citando a Benito Juárez.

Asociar la moralidad con las acciones de gobierno no sólo le permite a López Obrador utilizar sus propios estándares para denunciar lo que no le gusta y celebrar lo que lo favorece, sino que en realidad corre el riesgo de cometer faltas administrativas y violar la ley, pues los funcionarios gubernamentales no pueden llevar a cabo acciones más allá de lo que se encuentre explícitamente publicado en las leyes. Es decir, cualquier funcionario de gobierno, incluido el propio presidente, que se exceda en sus facultades al no atenerse a lo explícitamente establecido en las leyes, es causa de sanción.[13] La improvisación en las afirmaciones de López Obrador en las conferencias de prensa puede llevar, en el mediano y largo plazos, a un resultado contrario a lo que él mismo busca de forma inmediata: si descalifica a una persona o institución, o incluso señala a alguien como culpable sin juicio de por medio (acusaciones frecuentes contra sus adversarios "conservadores corruptos" del periodo "neoliberal"), viola, en principio, el debido proceso por un efecto "corruptor" al atentar contra el derecho de presunción de inocencia establecido en la Constitución. El presidente ha afirmado 23 veces en las conferencias de prensa que "el Estado ya no es el principal violador de los derechos humanos", lo que resulta incorrecto, pues es el único que lo puede hacer.

La aparente improvisación de López Obrador en las afirmaciones que expresa, así como en sus respuestas en cada conferencia de prensa, pone en evidencia diversos sesgos, que van desde confirmar como verdad sólo experiencias propias, anécdotas que nadie más puede corroborar o interpretaciones subjetivas de la historia, en las que él mismo determina quiénes son los héroes y quiénes son los villanos, de acuerdo con su conveniencia y con el contexto del tema en discusión. Que él diga que es verdad solamente porque lo vio, se lo dijeron o lo interpretó de lo que alguna vez leyó, dista mucho de generar un debate que corresponda a su autoridad y su investidura. Peor aún, la carencia de evidencia o de sustento de la mayoría de las afirmaciones del presidente minimiza el impacto noticioso de las conferencias de prensa, contrario a su intención de controlar la agenda mediática o trascender en los medios de comunicación, como quedará explicado en el siguiente capítulo.

NOTAS

[1] Según cifras de SPIN, al 30 de noviembre de 2021 el presidente ha convocado a cinco "cadenas voluntarias", en las que los canales de televisión y las estaciones de radio, así como diversos portales en internet, transmiten los mensajes que el gobierno de López Obrador considera trascendentales.

[2] En la conferencia de prensa del 22 de octubre de 2019 el presidente utilizó 45 minutos para contestarle a un reportero, sin que le diera una respuesta satisfactoria a lo que le fue formulado.

[3] El inicio del periodo denominado "neoliberal" coincide con la participación del presidente López Obrador en el gobierno, a principios de la década de 1980, como funcionario del Instituto Nacional del Consumidor y, posteriormente, con su salida del Partido Revolucionario Institucional (PRI), al cual se afilió desde mediados de la década de 1970, para formar parte de la Corriente Democrática que llevaría a Cuauhtémoc Cárdenas a la candidatura por la presidencia en 1988.

[4] La iniciativa de consulta ciudadana del presidente López Obrador para enjuiciar políticamente a los cinco expresidentes que le precedieron llegó a la Suprema Corte de Justicia de la Nación (SCJN) que, declarándola constitucional, modificó el texto de la pregunta original, que decía: "¿Estás de acuerdo con que las autoridades correspondientes realicen una investigación sobre

presuntos actos ilícitos que hayan causado afectaciones o daños graves al país realizados por los expresidentes de México y, en su caso, se inicie un procedimiento judicial garantizando el debido proceso?" La pregunta aprobada por la SCJN se lee: "¿Estás de acuerdo o no en que se lleven a cabo las acciones pertinentes, con apego al marco constitucional y legal, para emprender un proceso de esclarecimiento de las decisiones políticas tomadas en los años pasados por los actores políticos, encaminado a garantizar la justicia y los derechos de las posibles víctimas?" En un primer momento, el presidente celebró ampliamente la aprobación de la iniciativa para la consulta ciudadana del juicio político a expresidentes, pero al día siguiente de la decisión de la SCJN, y debido a la ambigüedad en la redacción de la pregunta final, se mostró notablemente molesto, y disminuyó claramente la frecuencia de las menciones al juicio de los expresidentes como un elemento más de ataque a los neoliberales, a los conservadores, a la mafia del poder y a la corrupción. Su intención original era que la consulta ciudadana se llevara a cabo el 6 de junio de 2021, mismo día de las elecciones intermedias que renovarían el Congreso, lo que era violatorio de la ley. La consulta ciudadana se llevó a cabo el 1.° de agosto de 2021, dos meses después de las elecciones intermedias y, de acuerdo con el texto final, puede involucrar a cualquier actor político, incluyendo al presidente López Obrador. Se necesitaba de al menos 40% de la participación total del padrón de electores para que el resultado de la consulta ciudadana fuera vinculante.

5 El presidente Andrés Manuel López Obrador mencionó durante la conferencia del 28 de enero de 2019 que era "Juárez gobernando".

6 Los presidentes y los gobernadores de las entidades en México gobiernan por seis años sin derecho a reelegirse, mientras que, hasta

103

la entrada en vigor de la reforma de 2014, los senadores, los diputados federales, los diputados locales y los presidentes municipales no podían buscar reelegirse de forma inmediata, pues tenían que dejar pasar, al menos, un periodo. Actualmente los senadores pueden reelegirse por dos periodos de seis años de forma consecutiva; los diputados federales, los diputados locales y los presidentes municipales pueden reelegirse por cuatro periodos de tres años. Francisco I. Madero fue quien estableció en 1910 la frase "Sufragio efectivo, no reelección", para reiterar el fundamento de la Revolución mexicana, que fue derrocar al dictador Porfirio Díaz, quien gobernó México por 34 años de forma consecutiva.

[7] A pesar de que algunos estudios reiteraron que los mexicanos se consideraban de "centro-derecha". Moreno (1999, 2003), ha mostrado que el contenido de las etiquetas ideológicas en México están asociadas con temas partidistas. Es decir, los mexicanos primero escogen su partido político y, de ahí, se adjudican la etiqueta ideológica que dice que tiene cada partido. No es que las personas no tengan posicionamiento sobre temas ideológicos, sino que no se asocian claramente con los partidos políticos. Estrada y Parás (2006), Estrada (2005).

[8] El presidente López Obrador ha mencionado 119 veces *clasismo* y 210 veces *racismo*. Llama la atención que una de cada diez menciones de racismo ha sido en tan sólo dos conferencias, en las visitas del expresidente de Bolivia, Evo Morales, y del actual presidente, Luis Arce, como si los bolivianos hubieran detonado el tema en el discurso oficial del gobierno mexicano.

[9] El presidente López Obrador ha admitido que no entiende qué es la empatía, ya que mencionó en la conferencia de prensa del día 9 de diciembre de 2020 que no conocía esa palabra, pues es un invento de los neoliberales.

10   El mismo día de la declaración del secretario Durazo, el 14 de octubre de 2019, un convoy de la Policía Estatal de Michoacán fue emboscado por un grupo armado en Aguililla, asesinando a 13 agentes y lesionando a nueve. Un día después, el 15 de octubre de 2019, elementos del Ejército se enfrentaron a un comando armado en Tepochica, municipio de Iguala, Guerrero, lo que resultó en la muerte de 14 presuntos delincuentes y un militar. El mismo 15 de octubre de 2019 grupos armados atacaron a policías federales y municipales en Acámbaro, Guanajuato, con un saldo de cuatro presuntos delincuentes muertos y un policía federal herido. Los enfrentamientos entre delincuentes y policías federales se mantendrían por dos días más. Véase *Animal Político* (2019a), *Animal Político* (2019b) y BBC *News Mundo* (2019c).

11   Se hizo noticioso que, durante la conferencia del 18 de septiembre de 2020, el presidente se riera de la nota principal de primera plana del periódico *Reforma*, misma que llevaba por título "Suma México 45 masacres". Asimismo, en la conferencia del 8 de octubre de 2020 López Obrador afirmó que las masacres a manos del crimen organizado ya no ocurrían en su gobierno, pues, dijo, no es igual a los gobiernos anteriores. Los primeros 27 meses de la administración del presidente López Obrador (diciembre de 2018 a febrero 2021) suman un total de 79 265 homicidios dolosos relacionados con el crimen organizado, cifra mayor a los 69 713 homicidios registrados durante los últimos 27 meses del gobierno de Enrique Peña (septiembre de 2016 a noviembre de 2018), y superior en 62% a los últimos 27 meses del gobierno de Felipe Calderón (septiembre de 2010 a noviembre de 2012).

12   El presidente López Obrador se ha definido a él y a su gobierno como "humanista" en 28 ocasiones durante las conferencias de prensa matutinas.

[13] Llama la atención la ocasión que el presidente López Obrador se refirió al proceso de nombramiento de los integrantes de la Comisión Reguladora de Energía, pues en la conferencia de prensa del 28 de marzo de 2019 afirmó que si la terna que por ley propuso fuera rechazada, entonces: "Como mis abogados dicen que lo que no está prohibido está permitido, puedo enviar a quien yo quiera". En realidad, López Obrador se equivoca en la interpretación de la ley y del derecho administrativo, pues para los funcionarios públicos, incluido el presidente, lo que no está permitido, está prohibido, justo al contrario.

5

Implicaciones de las conferencias de prensa de AMLO: audiencia, establecimiento de la agenda y medios de comunicación

Las conferencias de prensa de Andrés Manuel López Obrador se llevan a cabo en el Salón Tesorería del Palacio Nacional, de lunes a viernes a las siete de la mañana, y en ocasiones especiales incluyendo giras del presidente a los estados, posteriores a las reuniones del gabinete de seguridad en las instalaciones de los cuarteles de las zonas navales o militares. Las conferencias de prensa se transmiten en vivo por los canales públicos del Estado mexicano, incluidos los canales 11 y 14.[1] Diversos programas de televisión y radio que se transmiten a la misma hora incluyen enlaces en vivo de manera aislada, en especial si sus declaraciones ameritan ser proyectadas como noticias urgentes o *breaking news*. Las plataformas de redes sociales de distintos medios transmiten la conferencia completa en vivo, así como las cuentas del gobierno de México en Facebook, Twitter y YouTube, y los podcasts en Apple y en Spotify. El presidente ha afirmado 13 veces que millones de personas ven la conferencia de prensa. No obstante, jamás han mostrado números de *rating*, *share* o cualquier otra medición que sustente su afirmación.

El ciclo noticioso en 2021 es permanente, contrario al que enfrentó López Obrador a su paso como jefe de Gobierno del Distrito Federal de 2000 a 2005. Hace apenas un par de décadas, cuando aún no existían las redes sociales, había que esperar un día completo para evaluar el impacto real de las noticias en las primeras planas de los periódicos que eran, en buena medida, los medios de comunicación que establecían la agenda de discusión de los medios electrónicos, radio y televisión. En la actualidad las noticias en redes sociales interrumpen de manera constante el ciclo noticioso, por lo que ni la radio ni la televisión se guían exclusivamente por las noticias de la primera plana de los medios impresos. No sólo la agenda de las noticias se ha diversificado, sino que su variación es permanente las 24 horas. Llama entonces la atención que, ante los cambios tecnológicos que han acelerado el ciclo noticioso, el presidente opte por la misma herramienta de comunicación en el mismo formato de hace más de 20 años.

Resulta poco creíble que millones de personas vean o escuchen las conferencias en vivo a las siete de la mañana, o en internet a lo largo del día, cuando las horas de la mañana son las más ocupadas y apresuradas. Las actividades de inicio del día, entre ellas el traslado a las escuelas o a los lugares de trabajo, implican varias horas de exclusiva atención que dificultan la posibilidad de sentarse, por más de dos horas, cada mañana, a verlas o escucharlas. Más aún, a quienes quieren darles seguimiento en redes sociales les resultaría extremadamente costoso utilizar más de dos horas de su tiempo y de sus datos móviles, ya sea en horario de trabajo, en un descanso entre clases, a la hora de la comida, o de regreso a sus casas. El costo de oportunidad de ver o escuchar las conferencias es demasiado alto: el contenido repetitivo y sin sustento de las afirmaciones del presidente disminuye su interés y minimiza su impacto noticioso, lo que eleva aún más el costo de verlas o escucharlas.

A falta de la publicación de los *ratings* o el *share* que demuestre que millones de personas las ven, analizamos los números en la cuenta de López Obrador en Facebook, que las transmite en vivo. Ésta es la red social más utilizada en México con 93 millones de usuarios. Para el presidente, Facebook se posiciona como su red social más popular, con 9.3 millones de seguidores, superando a Twitter (8.3 millones), YouTube (3.9 millones) e Instagram (un millón). En promedio, sólo 6% (552 000) de sus seguidores en Facebook ve las conferencias de prensa cada día, cifra muy lejana a la de millones de seguidores que presume el gobierno. El análisis realizado en SPIN se enfoca exclusivamente a los seguidores de AMLO; sin embargo, es importante destacar que para Facebook se necesita que un video sea proyectado solamente tres segundos en la línea de tiempo de los usuarios para que cuente como visto. La línea de tiempo de las vistas de las conferencias de prensa del presidente entre sus seguidores en Facebook revela no sólo cuáles son las conferencias más vistas, sino también la tendencia a la baja en meses recientes, que coincide con el incremento en la duración de las conferencias.

GRÁFICA 3. **AUDIENCIA DE LAS CONFERENCIAS DE PRENSA DEL PRESIDENTE LÓPEZ OBRADOR EN FACEBOOK, 1 DIC 2018 - 30 NOV 2021**

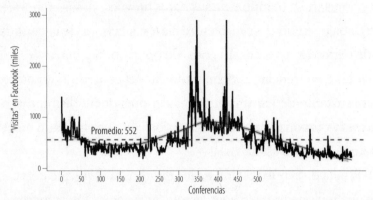

Fuente: Elaboración propia con base en la página oficial de Facebook del presidente López Obrador (https://www.facebook.com/lopezobrador.org.mx).

Pocas conferencias de prensa han rebasado el millón de vistas entre sus seguidores en Facebook. Menos de 10 han rebasado los dos millones.[2] Las más vistas han coincidido con anuncios relacionados con la pandemia por covid-19, incluyendo los avisos de regreso a clases, todas ellas dentro del periodo que el gobierno ha denominado "nueva normalidad". Dicho periodo abarca desde el 23 de marzo de 2020 y se mantiene hasta mediados de 2021; asimismo, comprende los meses desde que se suspendieron las clases y se dio el primer cierre de empresas y negocios para que la gente se quedara en sus casas si no tenía que atender un asunto de urgencia.[3] Sin embargo, la tendencia de las vistas de las conferencias entre sus seguidores en Facebook va a la baja, y en el primer trimestre de 2021 alcanzó niveles mínimos.

Entre las conferencias de prensa más vistas se encuentran aquellas donde el presidente ha convocado a los medios de comunicación electrónicos, radio y televisión a sumarse a la transmisión de "cadenas voluntarias" para dar mensajes relacionados con acciones de gobierno sobre el manejo de la pandemia por covid-19. La expectativa de los mensajes sobre la pandemia generó más de un millón de vistas para cada una de las conferencias entre los seguidores de su cuenta de Facebook. Es decir, las conferencias de prensa rara vez muestran altos números de reproducciones entre sus seguidores en Facebook fuera de los anuncios de la pandemia por covid-19. Más aún, ninguna conferencia de prensa se encuentra entre los videos más vistos entre los seguidores de la cuenta de Facebook del presidente, pues el top 10 corresponde a momentos de López Obrador en las giras, a sus reuniones con artistas y deportistas, a mensajes en celebraciones que corresponden a fechas históricas, y a

TABLA 11. **VIDEOS CON MAYOR NÚMERO DEVISTAS EN LAPÁGINA DE FACEBOOK DEL PRESIDENTE LÓPEZ OBRADOR, 1 DIC 2018-30 NOV 2021**

FECHA	VISTAS (MILLONES)	TÍTULO DEL VIDEO
12-jun-21	10	Fabricación de grava para construir autopista en Oaxaca
28-mar-20	9.9	Gasolina baja más de precio en frontera norte
02-feb-19	7.7	La Tinaja-Acayucan*
24-may-21	7.6	Pemex compra refinería Deer Park de Houston, Texas
15-mar-20	6.8	Fabricante de puros
19-ene-20	6.7	Características del camino Santa María Tepantlali, Oaxaca
28-mar-20	6.3	Mensaje desde La Rumorosa en Tecate, Baja California
15-sep-20	6.2	210 Aniversario del Grito de Independencia
20-mar-20	6	Mi amiga de Tlaxiaco
21-mar-20	6	Bajó el precio de la gasolina
12-jun-21	5.1	Habrá apoyo para el ganadero don Cresencio
27-mar-20	4.2	Mensaje sobre covid-19
01-dic-18	4.2	Te invito a seguir la transmisión en directo en un día histórico**

* Bebiendounjugodepiñamieldecaminoa Córdoba./**TomadePosesión.
Fuente: Elaboración propia con base en la página oficial de Facebook del presidente López Obrador (https://www.facebook.com/lopezobrador.org.mx).

videos que, por un tiempo, publicó los fines de semana para enfatizar algunos temas que discutió en las conferencias de prensa.

La reproducción de las conferencias AMLO en los podcasts no es notoria. De la misma forma que es poco probable que las personas se tomen el tiempo cada día, a la hora más ocupada de la mañana, para verlas, o que utilicen sus datos de internet para reproducirlas en sus computadoras o dispositivos,[4] los podcasts del gobierno de México que transmiten la conferencia no se encuentran entre los cinco más escuchados en Spotify o Apple Podcasts. A pesar de que el número de podcasts y sus audiencias han ido al alza en años recientes, incrementado por la contingencia de covid-19, la reproducción de las conferencias matutinas no se encuentra en los primeros lugares de las categorías de noticias, política o arte y entretenimiento.[5] Los mexicanos escuchan más podcasts cada vez, y las conferencias de prensa del presidente no están entre sus favoritos.

Diversas mediciones demuestran que las conferencias de prensa de López Obrador no son un evento que las audiencias prefieran sobre otros programas o, incluso, escojan sobre sus demás actividades diarias. En realidad, tal parecería que con sólo transmitirse los aspectos más importantes de las conferencias de prensa en los resúmenes de los noticieros de prensa, radio y televisión es más que suficiente para conocer qué es lo relevante cada mañana en el Palacio Nacional. Las personas no tienen necesidad de escuchar completas las conferencias si lo que se presenta carece de sustento o es repetitivo, por lo que delegan a los medios de comunicación la selección de los temas relevantes para estar informadas. Sin embargo, al ser cuestionadas sobre si ven las conferencias de prensa, diversas encuestas muestran que dos de cada tres personas las ven, porcentaje similar al que responde que está de acuerdo con que se lleven a cabo.[6]

Desafortunadamente, las afirmaciones que reiteran que las conferencias de prensa son vistas por amplias audiencias, con base en las respuestas a las preguntas publicadas por las encuestas, sobreestiman su impacto en la opinión pública, ya que al ser cuestionadas sobre si ven las conferencias o no, las personas entrevistadas responden como si hacerlo fuera una actividad "socialmente deseable", sesgo que representa la tendencia a que la respuesta sea vista favorablemente por los demás. Por ejemplo, debido a los efectos de la deseabilidad social, las encuestas subrepresentan las proporciones de personas que sobornan a autoridades o consumen drogas y sobrerrepresentan a quienes pagan impuestos, respetan el límite de velocidad o, en este caso, ven o escuchan las conferencias. Así, aunque quizá las personas entrevistadas jamás hayan visto completa una conferencia de prensa, o siquiera fragmentos en vivo, responden que sí las han visto porque la encuesta ejerce la presión de así hacerlo.[7]

De acuerdo con las encuestas publicadas en diversos medios de comunicación, los porcentajes de aceptación de las conferencias de prensa de AMLO son similares a los de otras acciones de gobierno, lo que ha llevado a diversos analistas y comunicadores a afirmar, sin suficiente evidencia, que dichas conferencias influyen positivamente en sus niveles de aprobación. Sin embargo, es importante destacar que no existen mediciones publicadas en medios de comunicación que las asocien directamente con su aprobación. Por un lado, porque las conferencias diarias son un ejercicio inédito y, por otro lado, porque no se ha llevado a cabo, en ninguna parte del mundo, un estudio experimental que establezca, con validez científica, la relación causal entre conferencias y aprobación.

Sin evidencia empírica satisfactoria y olvidando que, como todo fenómeno social, la opinión pública resulta afectada simultáneamente por diversos factores (multifactorial), se ha repetido que las conferencias de prensa dictan la agenda mediática. De acuerdo con la definición del establecimiento de agenda,[8] si bien dan de qué hablar las conferencias, no dictan la agenda mediática. Por el contrario, en diversas ocasiones es la propia agenda mediática la que determina su contenido, ya que las preguntas o los temas que abordan tanto López Obrador como sus invitados están relacionados con los temas que el presidente no privilegia, no quiere hablar o busca minimizar.

Si bien los medios de comunicación, impresos y electrónicos, así como las redes sociales, mencionan lo expuesto por AMLO en las conferencias de prensa, y discuten sus implicaciones durante el día, el hecho de que cada uno discuta temas diferentes es justamente lo contrario de establecer agenda. Aunque lo dicho por el presidente sea la nota principal en los periódicos, ocupe el tiempo en los noticieros de radio y televisión, y sea *trending topic* en las redes sociales, la discusión no está alineada en un solo tema (establecimiento de agenda), que es lo que, en principio, buscaría destacar la conferencia de prensa de ese día. No sólo es el ciclo noticioso permanente lo que pulve- riza el intento de mantener el control de la agenda mediática, al sucederse continua y rápidamente las *breaking news*, sino que el propio diseño de las conferencias atropella la relevancia de sus notas y confunde a la opinión pública sobre cuál es el tema re- levante cada mañana.

En diversas ocasiones, las conferencias de prensa presentan más de un tema de inicio, lo que contradice uno de sus objeti- vos esenciales, que es convocar a los medios de comunicación para exponer y discutir un solo tema, mismo que ocuparía las primeras planas de los medios impresos, el lugar más relevante en los noticieros de radio y televisión, y que se convirtiera en *trending topic* en las redes sociales. En promedio, el presidente aborda dos temas en los mensajes iniciales, mientras que sólo en 60 conferencias de prensa (8% del total: ninguna en 2018, 29 en 2019, 15 en 2020 y 16 en 2021) ha optado por no presen- tar un mensaje inicial e ir directo a las preguntas. Es decir, en la misma conferencia puede exponer hasta cuatro temas diferen- tes, y al día siguiente no exponer ninguno y sólo platicar con las reporteras y los reporteros. Saturar a los medios de comunica- ción en un solo día con la misma información que el gobierno quiere destacar anula la jerarquía de las notas que buscan co- municar, y pierden el control del ciclo noticioso, permitiendo que cada medio de comunicación determine cuál es el tema re- levante en cada conferencia de prensa.

El análisis de las notas principales publicadas en la primera plana de siete diarios de circulación nacional, incluyendo *El*

TABLA 12. **PERIÓDICOS DE MAYOR DIFUSIÓN NACIONAL QUE RETOMANEN SUS PRIMERAS PLANAS EL MENSAJE PRINCIPAL DE LAS CONFERENCIAS DEL PRESIDENTE LÓPEZ OBRADOR, 1 DIC 2018-30 NOV 2021**

PERIÓDICO	PRIMERASPLANAS	PORCENTAJE
La Jornada	85	30%
Excélsior	63	22%
Milenio	49	17%
El Financiero	30	10%
Reforma	24	8%
El Universal	20	7%
El Economista	16	6%
TOTAL	287	100%

Fuente: Elaboración propia con base en las versiones estenográficas de la página oficial de Presidencia de la República (https://www.gob.mx/presidencia/)/) y en diarios de circulación nacional (*El Economista, El Financiero, El Universal, Excélsior, La Jornada, Milenio y Reforma*).

Economista, El Financiero, Excélsior, El Universal, La Jornada, Milenio y *Reforma*, muestra que de 4 468 notas, sólo 287 (6%) retoman los mensajes iniciales de las conferencias de prensa.[9] El bajo impacto mediático de los mensajes de inicio de las conferencias en los medios impresos se debe, en parte, a los cambios tecnológicos que han hecho permanente el ciclo noticioso. Pero también es ocasionado por la estrategia de comunicación del gobierno que, al diseñar las conferencias de prensa diarias a las siete de la mañana, al emitir varios mensajes iniciales y al permitir la improvisación del presidente al momento de responder las preguntas de las reporteras y los reporteros, confunde a la opinión pública sobre cuál es el tema relevante.

En dos ocasiones el presidente ha mencionado en las conferencias que los medios de comunicación "tradicionales" no publican lo que dice porque "representan intereses privados", y permanentemente orquestan campañas en su contra, pues son parte del grupo de enemigos, reales e imaginarios, a quienes denomina "conservadores corruptos". Sus críticas a los medios de comunicación nacionales e internacionales, impresos y electrónicos, se basa en la idea de que con lo que publican "busca que le vaya mal a su gobierno", pues ya no reciben los beneficios económicos que les dieron los gobiernos anteriores que abarcan el periodo que denomina "neoliberal". En la conferencia del 17 de abril de 2020 mencionó: "Nunca los medios de comunicación de México habían atacado tanto a un gobierno como lo están haciendo ahora. Como dicen en mi pueblo, por algo será".

No es nuevo que algunos presidentes consideren enemigos a los medios tradicionales, también denominados *mainstream media*. Desde Alberto Fujimori en Perú, Rafael Correa en Ecuador, Hugo Chávez y Nicolás Maduro en Venezuela, Jair Bolsonaro en Brasil y Donald Trump en Estados Unidos, diversos mandatarios han enfatizado el discurso, o procurado la vía legal, para desacreditar las noticias de los medios tradicionales que, al monitorear de cerca a sus gobiernos, les resulten incómodas. Los señalamientos de López Obrador a la prensa nacional en las conferencias de prensa incluyen a *El Financiero* (97), *El Universal* (274), *Milenio* (50), *Reforma* (648), Televisa (107) y Televisión Azteca (16), así como a los periodistas Ciro Gómez Leyva (46), Pablo Hiriart (16), Joaquín López-Dóriga (37), Carlos Loret de Mola (70) y Raymundo Riva Palacio (20), por incluir a los más mencionados. Sus críticas a la prensa internacional incluyen a *El País* (95), *The Financial Times* (29), *The New York Times* (78), *The Washington Post* (28) y *The Wall Street Journal*

(45), entre otros. Asimismo muestra su desprecio por los medios de comunicación que publican notas que critican sus acciones de gobierno, o sus propios comentarios en las conferencias de prensa, y busca minimizar el impacto de la información publicada en medios impresos y electrónicos argumentando que las "benditas redes sociales", como las denomina, han cooperado para que el pueblo esté más informado que nunca antes.

Las similitudes de las descalificaciones a la prensa tradicional entre López Obrador y Donald Trump son evidentes. Por una parte, el expresidente Trump calificó como noticias falsas (*fake news*) lo publicado por los medios tradicionales, pues argumentaba que éstos tenían un sesgo "liberal" y que eran contrarios a la ideología del Partido Republicano y a los medios de comunicación con enfoque "conservador", en especial las estaciones de radio en los estados y las plataformas digitales (que son preferidas por los conservadores y quienes simpatizan con el Partido Republicano), los cuales, por cierto, se encuentran en clara desventaja en términos de audiencia en comparación con los medios impresos y electrónicos. Por otra parte, el presidente López Obrador ha calificado como "noticias falsas" lo difundido por los medios tradicionales y ha defendido lo publicado por las plataformas digitales que, a pesar de que se encuentran en desventaja en sus audiencias, sus representantes son privilegiados en las conferencias de prensa, al sentarse al frente y realizar la mayoría de las preguntas. La única diferencia entre ambos es que Donald Trump desaprobaba a los medios de comunicación que evaluaban su desempeño porque decía que tenían una ideología distinta a la suya, mientras que López Obrador rechaza las críticas de los medios de comunicación que evalúan su desempeño porque dice que son corruptos. Ambos exhiben sus sesgos de medios hostiles en su intento por minimizar la labor de la prensa.

La sobrerreacción del presidente de México en las conferencias de prensa ante las críticas de los medios de comunicación a su gobierno busca minimizar los posibles errores (ha mencionado 61 veces que "tiene otros datos"), omisiones o excesos que comete, desacreditando las noticias en vez de enfrentar los cuestionamientos. A su vez, desaprovecha cada una de las oportunidades de reparar posibles daños, de mejorar la reputación de su administración al informar adecuada y oportunamente, y de proyectar la imagen de un gobierno que trabaja y no de uno que, a falta de información o argumentos, se encuentra siempre a la defensiva. Ha mencionado 72 veces que las conferencias de prensa son la oportunidad de derecho de réplica, que le permite aclarar la información difundida por los medios de comunicación.

En vez de afrontar las críticas de los medios sobre el desempeño de su gobierno, ha optado por victimizarse. En las conferencias de prensa de cada mañana ha afirmado 22 veces que "es el presidente más atacado desde [Francisco] Madero por los medios de comunicación", y en 10 ocasiones que "es el presidente más atacado en los últimos 100 años/en la historia", lo cual intentó demostrar con un análisis sobre 148 artículos y columnas publicados únicamente el día previo en ocho diarios de circulación nacional, incluyendo a *El Economista*, *Excélsior*, *El*

Financiero, El Heraldo, La Jornada, Milenio, Reforma y *El Universal*.[10] Sin detallar la metodología, el análisis concluyó que de 95 textos con "opiniones sobre la 4T", 66% son "negativos", 23% "neutrales" y 11% "positivos".[11] La cobertura de columnas y artículos de un solo día, sin referencia, le confirmó al presidente que los medios de comunicación estaban en su contra.[12]

En SPIN decidimos replicar el análisis presentado por AMLO en la conferencia de prensa para señalar que era el presidente más atacado por los medios de comunicación. Sólo bastó revisar las columnas publicadas en siete de los ocho diarios del mismo 24 de septiembre[13] (fecha elegida por la Presidencia de la República en su análisis) de los dos primeros años de los presidentes previos: en 2008 para Felipe Calderón y en 2014 para Enrique Peña Nieto. Los resultados demuestran que es falso que López Obrador sea "el más atacado de la historia", pues los diarios analizados han mantenido relativamente el mismo nivel de crítica hacia el gobierno en turno: en 2008, 61% de las columnas (tres de cada cinco) fueron "negativas" para el gobierno, 30% "neutrales" y 9% "positivas"; en 2014, 73% (tres de cada cuatro) fueron "negativas", 17% "neutrales" y 10% "positivas". Revisando solamente la publicación de un solo día (el mismo del estudio original) de las columnas de opinión en la prensa escrita, demostramos que es falso que López Obrador sea el presidente más atacado desde Francisco I. Madero o en los últimos 100 años, como ha afirmado en las conferencias de prensa.

El presidente pierde, cada mañana, la oportunidad de establecer su liderazgo en momentos de crisis al utilizar el tiempo

GRÁFICA 4. **ANÁLISIS SOBRE COLUMNAS NEGATIVAS SPIN, 2008 - 2020**

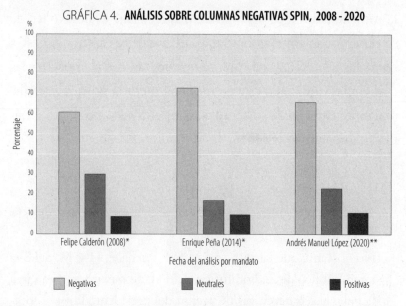

*Metodología 1: Análisis elaborado por SPIN. / **Metodología 2: Análisis elaborado por el Gobierno federal.
Fuente: Elaboración propia con base en la conferencia de prensa del presidente López Obrador del 25 de septiembre de 2020 publicada en la página oficial de Presidencia de la República (https://www.gob.mx/presidencia/) y en diarios de circulación nacional (*El Economista, El Financiero, El Universal, Excélsior, La Jornada, Milenio* y *Reforma*).

para criticar a sus adversarios, incluyendo a los medios de co-municación. Sin audiencia masiva y con bajo impacto mediá-tico, las conferencias de prensa incluyen ataques a los medios de comunicación, quienes son sus interlocutores cada mañana. López Obrador debería saber que las crisis necesitan comuni-car información veraz y oportuna y que, para ello, los medios de comunicación tradicionales, a los que demerita y con los cuales debería entablar una relación de intercambio de información, no atacarlos sin evidencia, son sus mejores aliados. Más aún, al victimizarse ante los medios en las conferencias, debilita su imagen frente a quienes generan la opinión pública y proveen la información necesaria para enriquecer las evaluaciones de su desempeño como gobernante. El siguiente capítulo muestra cómo las conferencias de prensa no cuentan con el impacto y las audiencias que dicen tener, en buena medida porque sus afirmaciones carecen de sustento, son repetitivas y, por tanto, limitan su impacto noticioso.

NOTAS

[1] No obstante que las audiencias de los canales 11 y 14, del Sistema Público de Radiodifusión del Estado mexicano, han ido a la baja, las conferencias de prensa del presidente López Obrador son los momentos del día en los que más personas los ven, a pesar de no estar en el horario estelar, o AAA. Véase, por ejemplo, Tejado (2019).

[2] No se puede descartar que algunas cuentas que siguen al presidente López Obrador en Facebook sean falsas, o repetidas, por lo que las vistas de las conferencias de prensa se incrementen artificialmente. Aun así, las tendencias y las preferencias mantienen un comportamiento que valida su análisis. *Expansión* (2020).

[3] La "nueva normalidad" arrancó un mes después del 27 de febrero de 2019, mismo día que se conociera el primer caso de contagio de covid-19 en México, y en el que se llevara a cabo la primera conferencia de prensa vespertina relacionada con la pandemia, convocada por la secretaría de Salud todos los días, incluyendo sábados y domingos, a las siete de la noche. Al día siguiente, en la conferencia de prensa matutina del 28 de febrero de 2020, el presidente López Obrador designó oficialmente al subsecretario

López-Gatell para conducir las conferencias de prensa de la noche, que en un inicio se llevaban a cabo a las nueve de la noche.

4   De acuerdo con la Encuesta Nacional sobre Disponibilidad y Uso de Tecnologías de la Información en los Hogares de 2019 (ENDUTIH, 2019), el total de usuarios de telefonía celular en México es de 86.5 millones (mujeres, 44.7 millones, y hombres, 41.8 millones). Del total de celulares, 81.7% son contratos de telefonía prepagada, es decir, que los usuarios deben recargar constantemente el saldo de su cuenta para utilizar sus datos. Asimismo, de acuerdo con el IFT/Inegi, 92.5% de hogares cuenta con televisión, pero sólo 8.7% cuenta con servicio de televisión de paga, y 56.4% de los hogares cuenta con disponibilidad de internet.

5   México es el segundo mercado para podcasts en América Latina, sólo detrás de Brasil. Véase López (2021).

6   De acuerdo con *El Financiero*, 49% de las personas entrevistadas mencionó haber visto las conferencias de prensa del presidente López Obrador, y su aprobación promedio es de 54%. Véase Moreno (2021a). En *Reforma* el conocimiento es, en promedio, de 43%. Véase Becerra (2020). Según Consulta-Mitofsky, 78% de la población ha visto alguna conferencia o algún segmento de la misma, y 63% de los mexicanos aprueba que el presidente dedique tiempo a la conferencia. Véase Consulta Mitofsky (2020).

7   La sobreestimación de las audiencias obtenida en las encuestas es frecuente. Por ejemplo, los porcentajes sobre las audiencias de los noticieros de televisión son más elevados que los *ratings* de los mismos noticieros. Véase Prior (2007).

8   Véase Iyengar y Kinder (2010), así como lo mencionado sobre el establecimiento de agenda en el segundo capítulo del presente libro.

9   Destaca que *La Jornada* sea el diario que más notas principales de primera plana presente sobre los mensajes de inicio de las

conferencias de prensa del presidente López Obrador del día anterior. *La Jornada* es el medio impreso que recibe más recursos de publicidad por parte del gobierno. Véase *Animal Político* (2021b).

[10] El análisis fue presentado por el presidente López Obrador en la conferencia del 25 de septiembre de 2020.

[11] En la conferencia de prensa del presidente Andrés Manuel López Obrador del 25 de septiembre de 2020, la metodología del estudio no fue dada a conocer, sólo dijo el presidente López Obrador que el estudio lo hizo Jessica Ramírez, quien se encarga de administrar las redes sociales de la Presidencia de la República, y quien graba los videomensajes del presidente que son transmitidos en su canal de YouTube: "No crean que es un equipo de comunicación tan sofisticado que utilizamos. Es básicamente Jessy", dijo el presidente López Obrador en un videomensaje publicado el mismo día en su canal de YouTube.

[12] Días después, el 15 de octubre de 2020, el presidente López Obrador se refirió al estudio de SPIN (sin mencionar el nombre), y mostró un nuevo estudio, realizado por una empresa de análisis de medios, que comparaba un día de cada mes durante los primeros dos años de los presidentes Calderón, Peña y López Obrador. Con el nuevo estudio, con faltas de ortografía y errores de redacción, y cuyo financiamiento y metodología no quedaron plenamente explicados, el presidente López Obrador reiteró que era el más atacado desde Madero. Desde ese día el presidente López Obrador lo ha vuelto a mencionar solamente tres veces, a diferencia de las 11 veces que anteriormente había mencionado el reporte publicado por SPIN. Véase Estrada (2020).

[13] *El Heraldo* fue relanzado el 2 de mayo de 2017.

6

Afirmaciones no verdaderas: promesas, compromisos, no comprobables y falsas (comparación con Donald Trump)

El presidente López Obrador ha afirmado que las conferencias de prensa diarias son un mecanismo de diálogo circular con los representantes de los medios de comunicación, que utiliza, en buena medida, para refutar las noticias que no le son favorables al desempeño de su gobierno, para criticar a sus enemigos, reales e imaginarios, para contar anécdotas personales y para dar su versión de episodios de la historia de México. Su intención de que las conferencias sean una herramienta de comunicación que proporcione información y garantice la transparencia y la rendición de cuentas por parte de las autoridades ha sido opacada por la falta de sustento de sus propias afirmaciones. La improvisación de López Obrador en sus argumentos y respuestas a las reporteras y los reporteros, carentes de evidencia que los sustente, confirma que las conferencias de prensa son, más bien, un instrumento de propaganda de lo que se denomina la "Cuarta Transformación".

Desde el inicio de las conferencias de prensa, el presidente exhibió más la intención de esquivar respuestas que de enfrentar los cuestionamientos de las reporteras y los reporteros.[1] La dinámica de posponer las respuestas difíciles y de extenderse en los mismos ejemplos para contextualizar implica la falta de información detallada que derivó en el bajo impacto noticioso, pues los medios de comunicación sólo publican noticias que están sustentadas por evidencia. El costo de oportunidad de López Obrador de divagar en cuestiones propagandísticas es la falta de información de los avances de su gobierno. Si hubiera logros que presumir, las conferencias de prensa no se tratarían del pasado ni de los enemigos, reales e imaginarios, ni de las anécdotas o los chistes del presidente. Si México estuviera experimentando la "Cuarta Transformación", equivalente a la Independencia, la Reforma, o la Revolución mexicana, dos horas de conferencias cada mañana no serían suficientes para mostrar todos los supuestos cambios: se necesitaría un canal transmitiendo en vivo las 24 horas.

Ante la evidente ausencia de estrategias de control de daños para manejar crisis y minimizar riesgos, y de afirmaciones que sustentaran la versión oficial, dichas conferencias parecieran más una plática con amigos hablando de política que exposiciones de información oficial sobre la situación del país y las acciones de gobierno. Resulta paradójico que el único gobierno en la historia que tiene a su presidente compareciendo diariamente ante los medios de comunicación no transmita información sustentada. Mientras que las conferencias han duplicado su duración, el número de preguntas de las reporteras y los reporteros se ha reducido a la mitad. Es decir, el mandatario habla cada vez más tiempo en sus intervenciones, pues el número de invitados que participan en las conferencias de prensa se ha mantenido relativamente constante, y sus participaciones son casi de la misma duración. ¿En qué utiliza el presidente el tiempo de sus exposiciones y respuestas frente a las reporteras y los reporteros en las conferencias?

Estas conferencias no manejan las crisis ni muestran empatía con los familiares de las víctimas de las tragedias. Tampoco contestan las preguntas difíciles de las reporteras y los reporteros. Cuando se le han solicitado a la Presidencia de la República los documentos que sustenten las afirmaciones de López Obrador vía la ley de transparencia, ha contestado que no existen.[2] No obstante, las conferencias duran cada vez más tiempo porque él habla más. Cada mañana, el presidente prefiere evitar las respuestas a través de cuatro salidas: prometer, como si estuviera en campaña, obras y acciones de gobierno que, al tener que esperar a que se cumplan, no son verdaderas en el momento en que las menciona (se clasifican como "promesas"); comprometerse o emplazar a cualquiera de los funcionarios de su gobierno a que, posterior a la conferencia de prensa, ya sea ese mismo día o varios días después, y la mayoría de las veces en privado, se detalle a las reporteras y los reporteros la información relacionada con la pregunta, lo cual no es verificable que se lleve a cabo (se clasifican como "compromisos"); realizar afirmaciones ambiguas, con base en experiencias propias o en anécdotas históricas, sin evidencia de por medio, acusando sin pruebas mediante señalamientos abstractos y juicios de valor el comportamiento pasado y presente de las y los actores políticos (se clasifican como "afirmaciones no comprobables"), y expresar enunciados falsos, que contradicen las cifras oficiales o sus propias afirmaciones previas, datos de organismos internacionales o hechos juzgados y consumados (se clasifican como afirmaciones "falsas").

Las afirmaciones no verdaderas, falsas o engañosas del presidente en las conferencias de prensa (promesas, compromisos, no comprobables y falsas) utilizan prácticamente todo el tiempo de sus intervenciones. Debido a su alto nivel de improvisación, la mayoría de las veces "sortea" o "esquiva" las preguntas difíciles, respondiendo con un lenguaje sencillo, elaborado primordialmente con frases hechas que ha escrito en sus libros y que ha repetido en los innumerables mítines durante los más de 12 años de sus tres campañas presidenciales. No obstante, López Obrador casi nunca responde las preguntas en las conferencias de prensa. Además, en algunas ocasiones las reporteras y los reporteros que se sientan en la primera fila, y que se identifican como representantes de medios "digitales", le realizan preguntas que le permiten responder a través de una larga intervención, orientada a "contextualizar" sin necesariamente responder. Al controlar quiénes preguntan y qué tipo de cuestionamientos pueden hacerse, el presidente recurre a la táctica de deformar el propósito de las conferencias para tener control sobre la interacción con las reporteras y los reporteros, y así minimizar la sobreexposición que implica enfrentar a diario los cuestionamientos de los medios de comunicación y, de pasada, montar la propaganda que le permita usar el tiempo que debiera ocupar la información sobre los logros y avances de su gobierno.

Las promesas del mandatario en las conferencias de prensa son proyecciones a futuro, en especial de obras de infraestructura o acciones de gobierno, cuya veracidad se comprobaría solamente después de que se lleven a cabo, lo cual implica un periodo de tiempo indefinido. Las respuestas que implican una obra o acción futura son lo más parecido a promesas de campaña, con la diferencia de que las lleva a cabo el jefe de Estado y de gobierno, en un acto de autoridad, desde el Palacio Nacional y con el uso de recursos públicos. Al 30 de noviembre de 2021 el presidente López Obrador ha llevado a cabo 5 797 promesas en 740 conferencias de prensa, un promedio de más de ocho por cada una.

Ejemplo de una promesa es la del 26 de febrero de 2019, cuando anunció que la construcción de la carretera de cuatro carriles Estación Don-Nogales en Sonora estaría concluida "para abril o para mayo". Sin embargo, fue recorriendo la fecha de la culminación del proyecto, por lo que, al 30 de noviembre de 2021, la carretera aún no está lista. Cuando ha sido cuestionado respecto de cuándo estaría terminada la carretera o por qué no se había concluido, López Obrador argumentó que, al momento de que anunció que se terminaría (abril o mayo de 2019), los contratistas dejaron de hacer el trabajo para perjudicar a su gobierno. También ha prometido hospitales, caminos rurales, la venta del avión presidencial, internet en todo el territorio nacional, vacunas contra el covid-19 y más. La verificación del cumplimiento de las promesas del presidente en las conferencias de prensa necesita meses, hasta años. Quizá varias de ellas, por diversas razones, no se cumplan.

Los compromisos de AMLO en las conferencias de prensa son los acuerdos, con las reporteras y los reporteros, que posponen la presentación de información o evidencia para después, ya sea en una conferencia futura o en privado, directamente entre quien pregunta y los funcionarios que él designe, o que se lleve a cabo una presentación del tema en una conferencia de prensa futura, la mayoría de las veces sin que se cumpla el plazo. Los compromisos no sólo implican el seguimiento de reporteras y reporteros con los funcionarios a los que el mandatario delegó la entrega de información, sino que, además, se requiere que en el caso de que se haya acordado una presentación en una conferencia de prensa futura, coincidan los funcionarios, las funcionarias y las mismas reporteras y los mismos reporteros que solicitaron la información, o incluso que, a pesar de que asistan las reporteras y los reporteros, López Obrador les dé la palabra para recordarles que convino entregar la información solicitada. Al 30 de noviembre de 2021 el presidente ha llevado a cabo 4241 compromisos en 740 conferencias de prensa, un promedio de seis en cada ocasión.

Ejemplo de un compromiso que ha hecho es la entrega de los análisis de salud. A pesar de que no es obligatorio que los entregue, y de que ningún reportero se lo solicitó directamente, en la conferencia de prensa del 23 de julio de 2019 López Obrador dijo que entregaría un reporte que mostraría sus análisis de salud, y al 30 de noviembre de 2021 no lo hemos visto.[3] Es evidente que AMLO ha subido de peso, es público que sufrió un infarto en 2014, y ha declarado que padece hipertensión. Mientras tanto, ha repetido cuatro veces en las conferencias de prensa que está "bateando 300", y tres veces que "está macaneando", haciendo alarde de que se encuentra en buen estado de salud, como si fuera mejor que los beisbolistas promedio. A pesar de que cada vez duran más las conferencias de prensa, el presidente nunca se ha sentado ni ha tomado una sola gota de agua. Se ha comprometido a entregar información en conferencias de prensa posteriores, y ha comprometido a los integrantes de su gabinete a que entreguen información o se reúnan con las reporteras y los reporteros que lo solicitan, quizá porque al momento de las preguntas no cuenta con datos o detalles, pero también quizá porque pretende evadir o posponer las difíciles.

La verificación de los compromisos de información por parte del presidente en las conferencias de prensa implica que pase el tiempo, así como corroborar si las reuniones privadas entre funcionarios, funcionarias, reporteras y reporteros se llevan a cabo. Si las solicitudes de información de las reporteras y los reporteros al gobierno terminan en reuniones privadas y no en respuestas públicas en las conferencias, entonces se altera uno de sus objetivos más útiles, ya que lo que se solicitó en público se entrega posteriormente (quizá nunca), en privado, la mayoría de las veces sin la publicación de notas periodísticas. La dinámica del compromiso de entrega de información en privado por parte de AMLO en las conferencias de prensa ha derivado en que algunas reporteras y algunos reporteros actúen más como gestores de favores o solicitudes concretas de terceros que como periodistas, fuera de la agenda mediática.

Sus afirmaciones no comprobables (no falseables)[4] en las conferencias de prensa son las que por la falta de sustento o evidencia, la ambigüedad del fraseo, y por la subjetividad en la opinión, impiden que se demuestre su veracidad, estimulando el debate entre quienes dicen que es verdad y que tiene razón (usualmente quienes lo apoyan), y entre quienes dicen que no es verdad y que no tiene razón (por lo común quienes no lo apoyan), sin que se pueda demostrar a plenitud la veracidad o falsedad de sus afirmaciones. La discusión que generan sus afirmaciones no comprobables es lo que ocasiona que sea el tema de conversación más allá de lo reportado por los medios de comunicación, pues la polémica es la base del modelo de campaña permanente que permite que el presidente dé de qué hablar, aunque no ponga la agenda. Al 30 de noviembre de 2021 el López Obrador ha llevado a cabo 55 042 afirmaciones no comprobables en 740 conferencias de prensa, un promedio de 74 por cada una.

Ejemplo de una afirmación no comprobable es cuando el mandatario asegura que "se acabó la corrupción", "la corrupción tolerada" o "la corrupción de los de arriba". A pesar de que se han realizado investigaciones periodísticas que han cuestionado conductas de algunos secretarios del gabinete legal y ampliado de su gobierno,[5] y de la publicación de encuestas que demuestran que la percepción de la corrupción en el gobierno ha aumentado,[6] López Obrador ha declarado que se acabó la corrupción y hasta ha ondeado 22 veces al 30 de noviembre de 2021 un pañuelo blanco. Con diferentes parámetros y ejemplos, habrá quienes concuerden con él en que la corrupción se terminó, y habrá quienes estén en desacuerdo. Sin una respuesta definitiva y sin evidencia concreta se genera el debate.

Otro ejemplo de las afirmaciones no comprobables tiene que ver con el señalamiento al periodo que denomina "neoliberal", de 1982 a 2018, como el de mayor "saqueo" en la historia de México, incluso superior a los tres siglos de dominio colonial de España, de 1521 a 1821, lo cual ha mencionado 26 veces. Compara los 36 años previos a su gobierno con los tres siglos que precedieron a la Independencia para equiparar su autodenominada "Cuarta Transformación" con uno de los tres momentos de transformación más relevantes en la historia de México. Más aún, si como dice el presidente, el saqueo en el periodo neoliberal fue mayor al de la Colonia, entonces sería indiscutible el nivel de corrupción que su gobierno logró combatir. Sin evidencia de por medio, habrá quienes concuerden con él, y habrá quienes estén en desacuerdo, pero sin una respuesta definitiva y sin evidencia concreta se genera el debate.

Un ejemplo más de sus afirmaciones no comprobables en las conferencias de prensa, al mencionar los temas de conversación en su próxima reunión con el presidente Donald Trump, el 3 de julio de 2020, dijo que cuando era joven llegó a batearles a *pitchers* que lanzaban la pelota a más de 100 millas por hora,[7] con la intención de presumir que era superior a Trump, de quien dijo que en su juventud fue *pitcher*, y que sólo lanzaba a 85 millas por hora. No obstante, de acuerdo con los registros de las Ligas Mayores en Estados Unidos, sólo dos *pitchers* el año previo (2019) lanzaron, en promedio, por encima de las 100 millas.[8] Al ser una anécdota personal, que nadie más puede probar, López Obrador puede decir cualquier cosa, lo que nadie podría confirmar o negar completamente. Sin evidencia de por medio, habrá quienes concuerden con él, y habrá quienes estén en desacuerdo, pero sin una respuesta definitiva y sin evidencia concreta se genera el debate.

Las afirmaciones falsas son las que son contrarias a la verdad, a la evidencia, a la ley o a sus propias afirmaciones anteriores llevadas a cabo en las mismas conferencias de prensa. A diferencia de las afirmaciones no comprobables, que intencionalmente menciona con el objetivo de generar debate, las afirmaciones falsas revelan su falta de preparación, el grado de improvisación, las fallas de su equipo de comunicación y hasta su ignorancia en temas cuyo dominio o, al menos, un mínimo conocimiento sería esperado de quien ostenta la investidura presidencial y de quien está dispuesto a enfrentar diariamente a los medios de comunicación. Al 30 de noviembre de 2021 el presidente llevó a cabo 1 788 afirmaciones falsas en 740 conferencias de prensa, un promedio de tres por conferencia.

Un ejemplo de las afirmaciones falsas es cuando ha dicho 23 veces que el Estado ya no es el principal violador de los derechos humanos, al intentar justificar que su estrategia de seguridad es diferente, en especial en lo relacionado con los enfrentamientos entre las Fuerzas Armadas, incluida la Guardia Nacional, y los grupos delincuenciales. Más aún, López Obrador ha dicho 45 veces en las conferencias de prensa que "ya no hay masacres", con la intención de enfatizar que en los gobiernos anteriores las Fuerzas Armadas, en sus tareas de combate al crimen organizado, usualmente las llevaban a cabo. En su afán por distinguirse de los gobiernos anteriores, y de intentar demostrar que los índices de violencia en México se han reducido (lo cual no ha sucedido), el presidente miente, pues, por definición, el único que puede violar derechos humanos es el Estado. A pesar de que la evidencia, o sus propias declaraciones lo contradicen, López Obrador está dispuesto a mentir con tal de armonizar sus mensajes en las conferencias de prensa.

En total, al 30 de noviembre de 2021, AMLO ha realizado 66 868 afirmaciones falsas, engañosas o no verdaderas en 740

TABLA 13. **AFIRMACIONES NO VERDADERAS DEL PRESIDENTE LÓPEZ OBRADOR EN SUS CONFERENCIAS DE PRENSA, 1 DIC 2018-30 NOV 2021**

AFIRMACIONES NO VERDADERAS	TOTAL	PROMEDIO POR CONFERENCIA
Afirmaciones no comprobables	55 042	74
Promesas	5 797	8
Compromisos	4 241	6
Falsas	1 788	2
TOTAL	66 868	90

Fuente: Elaboración propia con base en las versiones estenográficas de la página oficial de Presidencia de la República (https://www.gob.mx/presidencia/).

conferencias de prensa, un promedio de 90 por conferencia. Dado que el promedio de duración de las conferencias es de 108 minutos, dejando de lado las intervenciones de otros invitados a las conferencias, así como las preguntas de las reporteras y los reporteros de los medios de comunicación (que pueden extenderse varios minutos), en realidad casi todo lo que dice el presidente carece de sustento. Diversos voceros del gobierno se han quejado de que el fenómeno de "noticias falsas" se ha diseminado tanto que afecta la opinión de los ciudadanos, pero que las conferencias de prensa son la mejor respuesta a la infodemia. López Obrador ha afirmado 48 veces que "el pueblo está muy avispado", y que la manipulación de la información es cada vez más difícil, pues ha afirmado 30 veces que "tonto es el que piensa que el pueblo es tonto". A pesar de que las conferencias de prensa duran cada vez más tiempo, la desinformación, la manipulación y los vacíos de información son generados, en gran medida, en las propias conferencias de prensa a través de sus afirmaciones no verdaderas.

Las afirmaciones no verdaderas del presidente en las conferencias de prensa dan de qué hablar, y es tal el ruido mediático que provocan que la mayoría de las ocasiones encubren los avances y los anuncios relevantes del gobierno, lo que daña la percepción sobre la épica de la autodenominada "Cuarta Transformación". Su decisión estratégica de resaltar promesas y compromisos, y de repetir frases ambiguas o falsas, en vez de hablar de logros y avances, se deriva de la dinámica de comunicar como si estuviera en campaña permanente, un sello característico de los gobernantes populistas. De la misma forma que Hugo Chávez y Nicolás Maduro en Venezuela, que Rafael Correa en Ecuador, que Jair Bolsonaro en Brasil y que Donald Trump en Estados Unidos, entre los más destacados, el presidente López Obrador recurre a la propaganda ante la imposibilidad técnica, jurídica o política de cumplir sus promesas a tiempo. Ha mencionado 96 veces "esperanza", 197 "fe" y 47 "fortuna" en las conferencias de prensa.

En comparación con Donald Trump, quien realizó 30 573 afirmaciones falsas o engañosas durante los cuatro años de su administración,[9] en todos sus eventos, incluyendo la publicación de tuits hasta que su cuenta fue suspendida, López Obrador lo ha rebasado fácilmente en el conteo de afirmaciones falsas, engañosas o no verdaderas, en la mitad del tiempo y tomando en cuenta únicamente lo que dice en las conferencias de prensa, es decir, sólo dos horas de lunes a viernes. Donald Trump escribía tuits con información falsa o engañosa, especialmente usando calificativos cuya veracidad resultaba poco sustentada y que, cuando fueron revisados, resultaron ser falsos. Los medios de comunicación en Estados Unidos, con experiencia en la verificación de las frases de los políticos en campaña, en especial *The Washington Post*, dieron seguimiento puntual a lo que Trump mencionó públicamente, contando sus mentiras y aportando un elemento útil de información para evaluarlo. Donald Trump perdió ante Joe Biden, convirtiéndolo en el primer presidente estadounidense, en los últimos 26 años, en no obtener la reelección.

Las mentiras, verdades a medias y dichos no comprobables son más frecuentes de lo que se piensa y, de alguna forma, todas las personas se benefician al mentir, al ser deshonestas o al hacer trampa.[10] Se pensaría, sin embargo, que las mentiras e imprecisiones de los gobernantes o actores políticos tendrían una consecuencia directa, tal como un voto de castigo en la siguiente elección, ya que en sus intervenciones públicas no se expresan desde el plano personal, sino desde su responsabilidad de gobierno, con el uso de recursos públicos. No obstante, tal parece que mentir tiene dividendos en la política: diversos estudios demuestran que las preferencias políticas o simpatías partidistas de los individuos son uno de los factores más importantes en mantener intactas las opiniones de la ciudadanía sobre los actores políticos que mienten o engañan,[11] que existe la tendencia a creerles más a actores políticos de los partidos con los que se simpatiza y menos a los que pertenecen a partidos políticos con los que no,[12] y que la exposición a afirmaciones contrarias a las del partido político con el que se simpatiza sólo refuerza las preferencias partidistas propias e incrementa la polarización.[13] Si bien las campañas políticas se basan en promesas y compromisos, en exaltar los atributos propios y en atacar a los adversarios, son las preferencias o simpatías partidistas, la reputación de los actores políticos y el récord previo de desempeño, entre los factores más relevantes, los atajos informativos que determinarán el nivel de credibilidad de la ciudadanía en los actores políticos.

López Obrador, de la misma forma que Hugo Chávez y Nicolás Maduro en Venezuela, que Rafael Correa en Ecuador, que Jair Bolsonaro en Brasil y que Donald Trump en Estados Unidos, por mencionar sólo algunos, comunica al más puro estilo populista de mantenerse permanentemente en campaña. A pesar de que la elección consecutiva no está permitida para presidentes o gobernadores en México, la esencia de las conferencias de prensa es proyectar a López Obrador, todos los días, como si estuviera en una campaña política, mientras el resto de los actores políticos compiten en desventaja por la atención de los medios de comunicación. El contenido de sus afirmaciones en las conferencias busca ahondar más en la propaganda favorable a su gobierno que en logros o acciones de gobierno, y pretende contrastarse con sus adversarios, presentes y pasados, reales e imaginarios, para polarizar y reforzar las preferencias y simpatías de las personas.

Sus conferencias de prensa siguen siendo útiles, pues se siguen llevando a cabo diariamente de lunes a viernes en el Palacio Nacional, con el uso de los recursos públicos. Para el presidente López Obrador el costo de oportunidad de no informar sobre logros o avances de gobierno está compensado por la polarización de los ataques a sus enemigos y la división que genera al dividir a la población. Parecería que la misión de las conferencias de prensa es dar de qué hablar todos los días, sin que necesariamente se imponga agenda mediática, sin que importe que las afirmaciones del presidente no se reproduzcan en los medios de comunicación al carecer de sustento. El objetivo de las conferencias de prensa es que el presidente se convierta en el centro de la conversación política, y que sea el factor más relevante que tengan en mente los ciudadanos al votar en las siguientes elecciones. No obstante, de acuerdo con décadas de estudios de comportamiento electoral, existen otras variables que son tomadas en cuenta por los electores al momento de votar, incluidas las evaluaciones de desempeño del gobierno. La realidad es, así, el antídoto de la propaganda.

NOTAS

[1]   Estrada (2018b).

[2]   La Unidad de Enlace de la Presidencia de la República ha contestado a solicitudes de información vía la Ley General de Transparencia y Acceso a la Información Pública: "Es necesario precisar que el hecho de que el presidente de la República comunique a la sociedad, a través de conferencias de prensa, comunicados de prensa o mensajes públicos de diferentes materias de interés público no conlleva a establecer la obligación por parte de la Oficina de la Presidencia de la República a poseer el soporte documental respectivo". Véase *Milenio* (2019).

[3]   En la conferencia de prensa del 23 de julio de 2019, al comentario de un reportero sobre las rutinas diarias del presidente López Obrador, contestó: "Sí, ayer vi a quien me atiende y todo, electrocardiograma y análisis. Allá en la casa de ustedes me hacen el favor de irme a tomar sangre a las cinco de la mañana para los análisis. Y al cien. Todo esto aprovecho para decirlo, porque luego piden información de que cómo estoy de salud, hasta les puedo dar los resultados de los análisis. Estoy muy bien, entonces al cien. Yo tengo el compromiso de entregarme, de consagrarme a esta

causa mientras viva. Un poco mi angustia, mi ansia es el tiempo, porque no me voy a reelegir por cuestiones de principios, de ideales. Aparentemente son seis años, bueno, ya no son seis años, también aclaro. Yo no voy a terminar a finales de noviembre, como terminaban los otros presidentes, del 24, yo termino a finales de septiembre, pero eso es poco".

[4] El término *falseable* es retomado de la filosofía de la ciencia, en donde la falseabilidad requiere que cualquier teoría o hipótesis se someta a la evidencia que permita la posibilidad de ser contradicha. Lo contrario de una afirmación "falseable" es que no se pueda reproducir, o no se cuente con la evidencia que lo sustente. El programa *Alienígenas ancestrales*, transmitido en History Channel, es un ejemplo de afirmaciones no falseables, que buscan por cualquier medio demostrar la evidencia de vida extraterrestre, sin lograrlo plenamente. Véase Popper (1991).

[5] Véase Loret (2020).

[6] De acuerdo con la encuesta del periódico *Reforma* y Mexicanos Contra la Corrupción y la Impunidad del 16 de marzo de 2021, 42.6% de los entrevistados respondió que la corrupción en México ha aumentado en los últimos 12 meses. Véase *Reforma* y Mexicanos Contra la Corrupción y la Impunidad (2021).

[7] En la conferencia de prensa del 3 de julio de 2020 el presidente López Obrador afirmó: "Entonces ése es el tema principal. Sí, seguramente vamos a platicar sobre otros temas. El presidente Trump cuando era joven, como yo, jugaba beisbol, era *pitcher*, llegó a tirar hasta 80, 85 millas como *pitcher*, nada más que yo en ese tiempo le bateaba a los *pitchers* que tiraban más de 100 millas, no es para presumir. Entonces podemos hablar de beisbol, podemos hablar de muchas cosas".

[8] Véase Adler (2019).

[9] Véase Kessler, Rizzo y Kelly (2021).
[10] Ariel (2012).
[11] Nyhan *et al.* (2019).
[12] Frimer *et al.* (2017).
[13] Bail *et al.* (2018).

7

Pandemia covid-19. La multiplicación de las conferencias de prensa

Apenas a 14 meses del inicio del gobierno del presidente López Obrador se presentó el primer contagio de covid-19 en México. A pesar de que en otros países ya se habían presentado contagios y fallecimientos, y que sus gobiernos habían tomado acciones radicales para desacelerar los contagios y evitar, en la medida de lo posible, la sobresaturación de los hospitales, López Obrador minimizó el impacto de la pandemia, lo que afectó directamente el diseño y alcance de las políticas públicas y acciones de su gobierno para enfrentarla. Esto derivó en que México fuera, a nivel mundial, uno de los países con menos pruebas per cápita, el que tuviera más trabajadores de la salud fallecidos y el tercero con más fallecidos (a pesar de que sea el décimo en población). La comunicación del gobierno durante la pandemia por covid-19 es ejemplo de los alcances de las conferencias de prensa, de la estrategia de control de daños y de la propaganda de la denominada "Cuarta Transformación".

Las dificultades del presidente con la administración de los servicios de salud comenzaron al inicio del segundo año de su gobierno cuando, en aras de reforzar la austeridad republicana, y con el objetivo de renombrar programas sociales, modificó el nombre y las bases del Seguro Popular (impulsado desde el sexenio de Vicente Fox Quesada), que permitía el acceso de cualquier persona al sistema de salud a pesar de no contar con un empleo formal. El gobierno de AMLO creó el Instituto de la Salud para el Bienestar (Insabi), ajustando presupuestos y aumentando cuotas a quienes antes recibían gratuitamente o a la mitad de precio la atención médica personal o para sus familiares. El gobierno del presidente López Obrador, que entrega ayudas económicas a las personas con menos ingresos, se las pide de vuelta al momento de hacer uso de los servicios médicos, como si el gobierno fuera una tienda de raya y no un Estado de bienestar. El desabasto de medicamentos, vigente hasta la fecha, fue justificado en las conferencias de prensa mediante la acusación (sin pruebas y sin denuncias de por medio) a compañías farmacéuticas que, supuestamente, recibían beneficios derivados de la corrupción. El 16 de enero de 2020 López Obrador estipuló que las conferencias de prensa de cada martes darían seguimiento a los avances en la implementación del nuevo Insabi, llamándolas "El Pulso de la Salud". El presidente afirmó el 16 de enero de 2020 que para el 1.º de diciembre de 2020 el sistema de salud de México sería igual al de Dinamarca.

Semanas después de que entrara en vigor el Insabi, y en medio de diversas dificultades en su operación reveladas por quejas de los usuarios, reportadas en medios de comunicación y redes sociales, y atendidas tardíamente por el gobierno,[1] se presentó el primer caso de covid-19 en México, el 27 de febrero de 2019. El mismo día del registro del primer contagio de covid-19 en territorio nacional, el presidente anunció en la conferencia de prensa matutina que a las nueve de la noche el subsecretario de Prevención y Promoción de la Salud de la Secretaría de Salud, Hugo López-Gatell, encabezaría una conferencia de prensa diaria para informar sobre el avance de la pandemia y las acciones del gobierno para enfrentarla (posteriormente, esas conferencias de prensa fueron adelantadas a las siete de la noche). A partir del 17 de marzo de 2020 los martes del "Pulso de la Salud" se convirtieron en reportes de la pandemia, aunque en realidad eran una repetición de lo informado por López-Gatell en la conferencia de prensa de la noche anterior.[2]

La vocería de la pandemia por covid-19 de parte de López-Gatell permitió al presidente López Obrador delegar la responsabilidad de las decisiones de su gobierno a un subalterno que pronto adquirió visibilidad y popularidad, en especial por hablar más rápido y fluido que el residente en las conferencias de prensa que por ser claro y consistente en sus respuestas. La deferencia de López-Gatell frente a los cuestionamientos de los representantes de los medios de comunicación, tanto en las conferencias de prensa de la noche como en sus asistencias y participaciones en las conferencias de prensa de las mañanas, le ganó críticas a nivel mundial, ante lo cual López Obrador siempre lo arropó con halagos. Mientras tanto, el secretario de Salud, Jorge Alcocer, presenciaba las conferencias de los martes desde una silla, sin hablar, porque sus tropiezos al leer sus mensajes deslucían la imagen del trabajo del subsecretario y la del presidente.

La pandemia fue minimizada por el presidente López Obrador desde su inicio, lo que no evitó que el tema se fuera adueñando lenta pero sistemáticamente de la agenda mediática, dificultando cada vez más su intento por desviar los temas y obstruyendo la difusión de noticias relevantes de su gobierno.[3] Sin embargo, la deficiencia en la comunicación sobre las acciones del gobierno frente al covid-19, evidenciada en confusión, desinformación, contradicciones y afirmaciones falsas o no comprobables, derivó en cuestionamientos sobre el manejo de la pandemia por parte de López Obrador, especialmente al observarse las acciones que previamente habían llevado a cabo otros países. Durante la pandemia, México ha sido uno de los países que menos pruebas ha realizado para detectar quiénes están contagiados de covid-19,[4] lo que ha generado, en parte, que en varios momentos presentara la tasa de mortalidad más alta del mundo[5] y que, al no verificar a tiempo quién está contagiado, el número oficial de defunciones por covid-19 esté subestimado a la mitad.[6]

Al ser cuestionado por las reporteras y los reporteros de los medios de comunicación en las conferencias de prensa, el presidente alternaba las cifras que mejor ocultaran el verdadero impacto de la pandemia, advirtiendo antes que "las comparaciones con otros países son odiosas" (36 veces). Pasaba de la cifra de muertes totales por covid-19 a la cifra de muertes por cada 100 000 habitantes, y de la posición de México a nivel mundial a la posición en Latinoamérica, según fuera más conveniente.

Al mismo tiempo, enfatizó en las conferencias de prensa que la ciudadanía no debía tener miedo al contagio, invitando a la gente a salir a la calle, a comer en restaurantes, a reunirse con familiares y amigos, y a abrazase, contrario a las medidas estrictas de cuarentena que otros países estaban llevando a cabo. El manejo de la pandemia por parte de López Obrador se parecía más al de los presidentes de Estados Unidos, Donald Trump, de Brasil, Jair Bolsonaro, y del primer ministro británico, Boris Johnson, que al del presidente de Francia, Emmanuel Macron, del primer ministro canadiense, Justin Trudeau, o de la canciller alemana, Angela Merkel. Estados Unidos y Brasil, junto con México, ocupan los primeros lugares en fallecimientos por covid-19 y están clasificados como los peores en el manejo de la pandemia a nivel mundial.[7]

Las giras de AMLO se siguieron llevando a cabo durante los primeros meses de la pandemia, a pesar de las recomendaciones de la Organización Mundial de la Salud (OMS) de evitar aglomeraciones y que las personas mantuvieran distancia para reducir los contagios. Contrario a las indicaciones de la jefa de Gobierno de la Ciudad de México, quien recomendó que en espacios cerrados no se reunieran más de 100 personas (posteriormente se redujo a 50 personas), las conferencias de prensa del presidente se llevaron a cabo varias veces con más gente de la permitida. En un claro desafío a las recomendaciones de los organismos internacionales, López Obrador reiteró que seguía siempre lo que dijeran los expertos en su gobierno, pues, según dijo, el presidente no es "todólogo" (23 veces).[8]

A raíz de la recomendación de "sus médicos", en especial de López-Gatell, el presidente se opuso a usar el cubrebocas, e incluso en la conferencia del 31 de julio de 2020 se burló al afirmar que lo usaría hasta que se acabara la corrupción. En la conferencia de prensa del 18 de marzo de 2020, mostró unas imágenes religiosas que guardaba en su cartera, afirmando que lo protegerían. En la conferencia de prensa del 16 de marzo de 2020, López-Gatell afirmó que el presidente no se contagiaría de covid-19, y no contagiaría a nadie, pues "la fuerza del presidente es moral, no de contagio". En las conferencias de prensa fuera del Palacio Nacional el uso político del cubrebocas fue evidente, pues los gobernadores pertenecientes a Morena, el mismo partido político del presidente, no usaron el cubrebocas en las conferencias de prensa, mientras que los gobernadores de otros partidos políticos sí lo emplearon.[9] Asimismo, han sido pocas las secretarias y pocos los secretarios del gabinete que al asistir y participar en las conferencias utilizan siempre el cubrebocas. Hasta el 30 de noviembre de 2021, 11 secretarios del gabinete y cuatro funcionarios del gabinete ampliado que han asistido a las conferencias de prensa han contraído covid-19, incluyendo al presidente López Obrador, quien el 24 de enero de 2021 anunció que se había contagiado y se ausentó de las conferencias de prensa por dos semanas.[10]

En un intento por minimizar el impacto de la pandemia en México, pero más aún, derivado de las fallas y errores cometidos por el exceso de confianza en las decisiones de la estrategia de su gobierno, López Obrador ha reiterado 45 veces en las

TABLA 14. **SECRETARIOS DEL GABINETE QUE SE HAN CONTAGIADO DE COVID-19 Y SECRETARIOS DEL GABINETE QUE HAN USADO CUBRE BOCAS, 1 DIC 2018-30 NOV 2021**

GABINETE QUE SE HA CONTAGIADO DE COVID-19	GABINETE QUE HA USADO CUBREBOCAS
Arturo Herrera (Subsecretario SHCP; SHCP)	. Alfonso Durazo (SSPC)
Irma Eréndira Sandoval (SFP)	Delfina Gómez Álvarez (SEP)
Jorge Arganis Díaz Leal (SCT)	Esteban Moctezuma (SEP)
José Rafael Ojeda (Semar)	
Luis Cresencio Sandoval (Sedena)	
Miguel Torruco (Sectur)	
Rocío Nahle (Sener)	
Rosa Icela Rodríguez (SSPC)	
Víctor Villalobos (Sader)	

Fuente: Elaboración propia con base en las conferencias de prensa del presidente López Obrador publicadas en la página oficial de Presidencia de la República (https://www.gob.mx/presidencia/).

conferencias de prensa, desde el 8 de abril de 2020, que México ya va saliendo o que ya salió de la pandemia, a pesar del alto número de contagios y fallecimientos por covid-19. Más aún, repitió 29 veces en las conferencias de prensa que la curva de contagios se había aplanado, a pesar de que no se observaba tal reducción, a diferencia de otros países. En realidad, el presidente interpretó el concepto de "aplanar la curva" como el estar en una situación menos crítica que la peor posible (cualquiera que ésta fuera), como afirmó el 29 de abril de 2020, mismo argumento que fue respaldado por el subsecretario López-Gatell en la conferencia del 5 de mayo de 2020. De hecho, parte de la estrategia del gobierno al minimizar la pandemia y tratarla como si fuera algo similar a la influenza estacional, tanto en síntomas como en consecuencias mortales, fue enfatizar que quienes estuvieran contagiados se quedaran en casa, que fueran cuidados por sus parientes, y que evitaran, en la medida de lo posible, ir a los hospitales si no se encontraban graves. El bajo número de pruebas para detectar el covid-19 y las recomendaciones del presidente y del subsecretario de ir a los hospitales sólo en casos de extremada urgencia ayudó a que no se saturaran todos los hospitales, pero provocó que el número oficial de fallecidos en México por dicha enfermedad fuera subestimado.[11] En una declaración sin sentido, López Obrador dijo en la conferencia de prensa del 2 de abril de 2020 que la pandemia le había caído como anillo al dedo a México y a su gobierno, que se denomina la "Cuarta Transformación".

El presidente logró encapsular las noticias negativas sobre la pandemia en los reportes semanales cada martes en las conferencias de prensa matutinas y en las conferencias diarias sobre el tema cada noche, lo que en principio le permitía hablar de otros temas el resto de la semana. La contradicción en las presentaciones de López-Gatell, su trato despectivo con los representantes de los medios de comunicación nacionales e internacionales, argumentando una campaña orquestada en contra del gobierno y, sobre todo, los resultados frente a la pandemia, opuestos a los obtenidos por otros países, le restaron credibilidad como vocero, lo cual fue reforzado con las imágenes en las que se veía al llamado "zar del coronavirus" en lugares públicos sin cubrebocas y en viajes vacacionales, lo cual contradecía sus recomendaciones a la ciudadanía. En otros países los funcionarios de los gobiernos que incurrieron en acciones similares a las del subsecretario López-Gatell fueron sancionados e incluso removidos de sus puestos. En México el presidente ha apoyado incondicionalmente al subsecretario, felicitándolo cada ocasión que lo requiere, y señalando 20 veces que los medios de comunicación han orquestado una campaña para desprestigiarlo.[12]

La idea de libertad que ha transmitido AMLO durante la pandemia, para que la gente saliera a la calle, asistiera a eventos en lugares cerrados, comiera en restaurantes, se abrazara y, sobre todo, para que el uso del cubrebocas no fuera obligatorio, sino a juicio de cada persona, ha tenido como objetivo que la situación económica, que cayó al inicio de su gobierno y se ha mantenido sin crecimiento desde entonces, no sufra un deterioro mayor. No obstante sus llamados a seguir la vida normal a pesar de la presencia del coronavirus, la ciudadanía optó por resguardarse hasta contar con información más detallada sobre la enfermedad y sus efectos.[13] El presidente ha repetido en las conferencias de prensa 61 veces "prohibido prohibir", y 99 veces que "somos libres".[14] Argumentando una falsa libertad, enfatiza que su gobierno no es autoritario, que no reprime al pueblo y que propicia la libertad, cuando en realidad debiera promover la obediencia a la ley y las instituciones, a los acuerdos y a las reglas sociales, y la solidaridad para desacelerar el contagio, especialmente en un fenómeno de coordinación social como es la respuesta a una pandemia.[15] Resulta paradójico que los líderes que tomaron acciones más radicales frente a la pandemia obtuvieron una recuperación económica más rápida y, por tanto, sus índices de aprobación se incrementaron. La aprobación del presidente López Obrador cayó casi 50% durante el año de la pandemia, y se ha estancado alrededor de 50 puntos porcentuales. Entre los últimos cinco presidentes de México, sólo después de Peña, López Obrador es el segundo que menos porcentaje crece respecto del voto obtenido en su elección al finalizar su segundo año de gobierno, previo a la elección intermedia.[16]

Al momento de conocerse los ensayos de vacunas contra el covid-19 en el mundo, el presidente anunció en la conferencia del 30 de julio de 2020 que México utilizaría todos los recursos necesarios para garantizar la vacunación gratuita a toda la población.[17] Mientras que en el mercado las vacunas de Pfizer y Moderna eran las mejor evaluadas, él insistió en que tenía contratos con los gobiernos de China y Rusia para que llevaran a cabo las etapas finales de prueba en México y que, a cambio, recibiríamos el suministro de las vacunas Sinovac y Sputnik V, respectivamente. En todo momento, López Obrador condicionó la garantía de la vacunación universal a la llegada de las vacunas a las empresas farmacéuticas, algunas de ellas que fueron las mismas a las que había ya acusado de corrupción, sin pruebas, un año antes en las conferencias de prensa. Más aún, recurriendo a la Organización de las Naciones Unidas, México se adhirió al Fondo de Acceso Global para Vacunas Covid-19 (Covid-19 Vaccines Global Access), conocido como mecanismo Covax, y que garantizaría el acceso equitativo de los países a las vacunas desarrolladas contra el covid-19.[18]

El presidente López Obrador ha mencionado 39 veces en las conferencias de prensa que están garantizadas las vacunas para todos,[19] y que serían aplicadas por brigadas conformadas por "servidores de la nación", que entre otras funciones han sido encargados de generar y validar los padrones de los programas sociales, lo cual generó sospechas de una intención claramente electoral de la vacunación rumbo a las elecciones intermedias del 6 de junio de 2021. Las brigadas "correcaminos", explicó el presidente, se conformarían por 12 personas, lo cual cuestionaba la eficacia de la estrategia. Al mismo tiempo, los gobernadores de varios estados, en especial los emanados de partidos políticos diferentes a Morena, buscaron comprar vacunas directamente con las farmacéuticas, pero fueron informados que los contratos se habían hecho de manera exclusiva con el Gobierno federal. En la conferencia de prensa del 22 de enero de 2021 López Obrador firmó un convenio por el cual los gobernadores podrían adquirir vacunas, sabiendo que no era posible, al menos no antes de las elecciones intermedias. Para evitar que se dieran a conocer los precios y las condiciones de venta de las vacunas, las farmacéuticas incluyeron cláusulas de confidencialidad en los contratos con el gobierno.[20]

La velocidad de la vacunación no ha sido acorde con lo estipulado en el Plan Nacional de Vacunación, presentado en la conferencia de prensa del 8 de diciembre de 2020, por lo que ha recibido ajustes conforme han llegado las vacunas, especialmente los primeros envíos, que correspondieron a regalos de los gobiernos de la India, China y Rusia. Asimismo, el presidente ha utilizado sus conferencias de prensa para enaltecer la llegada de vacunas al país. Durante las mismas, ha hecho 25 enlaces en vivo, de los cuales tres contaron con la presencia de miembros del gabinete. Mientras que Estados Unidos, con la llegada del presidente Joe Biden, el plan de vacunación logró que en tres meses se aplicaran más de 200 millones de dosis, gracias al apoyo y la coordinación con los gobiernos estatales y empresas privadas. Al 30 de noviembre de 2021 sólo 83 % de la población había recibido la vacuna en México.

Las prioridades del Plan Nacional de Vacunación parecerían tener implicaciones meramente electorales. En primera instancia estarían los trabajadores de la salud del sector público, seguidos de los adultos mayores de 60 años, y posteriormente por los maestros de todos los niveles de escuelas públicas y privadas. Contrario a las tendencias internacionales de países en mejores condiciones que México en el manejo de la pandemia, el presidente López Obrador ha mencionado 77 veces en las conferencias de prensa que "pronto" habría regreso a clases, idealmente antes de las elecciones intermedias del 6 de junio de 2021.[21] Con dicha prioridad en mente, se decidió que se vacunara primero a los 24 000 maestros en Campeche, mientras que a los más de 100 000 médicos privados, refirió en la conferencia de prensa del 9 de abril de 2021, si aún no les correspondía por edad, no se les daría prioridad.[22] Los médicos privados recurrieron a ampararse ante la negativa del gobierno de vacunar al personal médico de instituciones privadas, a pesar de que lo hubiera garantizado en las conferencias de prensa. Sin que el regreso a clases se haya concretado aún, México ocupa el tercer lugar a nivel mundial en el número de trabajadores de la salud muertos por covid-19, sólo detrás de Brasil y Estados Unidos.[23]

El presidente apostó a que la vacunación fuera la acción de gobierno más relevante previo a las elecciones intermedias del 6 de junio de 2021. En las conferencias de prensa mencionó ocho veces la idea de vacunarse o no, en vivo en la conferencia de prensa en el Palacio Nacional o en el centro de vacunación que le correspondía. Finalmente, el 20 de abril de 2021, al finalizar la conferencia de prensa, en vivo y frente a las y los representantes de los medios de comunicación, una enfermera militar le aplicó la vacuna de AstraZeneca, desarrollada por la Universidad de Oxford y financiada por la Fundación Carlos Slim,[24] empresario con el que se reunió en días previos. López Obrador argumentó en la conferencia de prensa que se vacunaba para dar confianza y poner el ejemplo, contrario a lo que hizo desde el inicio de la pandemia, en especial al negarse sistemáticamente a portar el cubrebocas. En las conferencias de prensa ha anunciado que México desarrollará una vacuna que se llamará "Patria", a pesar de que ha sido publicado que se produjo en Estados Unidos.

El manejo de la pandemia por parte del gobierno del presidente López Obrador ha quedado al descubierto por la Organización Mundial de la Salud, y evidenciado por diversos medios de comunicación, nacionales y extranjeros, como uno de los peores a nivel mundial. A pesar de que el presidente insistiera en las conferencias de prensa que cuenta con un equipo de expertos asesores, que el subsecretario López-Gatell cuenta con credenciales para diseñar la estrategia contra la pandemia por covid-19, y que México se preparó adecuadamente al aprender de los aciertos y los errores de otros países, las decisiones de su gobierno y su comunicación fueron ineficientes, en el mejor de los casos, torpes y erróneas en el peor. La recuperación económica que todos los países están experimentando será más lenta en México, pues la velocidad de la vacunación ni siquiera sirvió adecuadamente a los objetivos electorales del presidente López Obrador rumbo a las elecciones intermedias que renovaron la Cámara de Diputados y en la que se eligió a 15 gobernadores, y donde Morena, su partido político, no pudo dominar como lo hizo su candidatura tres años atrás.

NOTAS

[1] Véase *Animal Político* (2020a).

[2] Antes del primer contagio de covid-19 registrado en México, el subsecretario Hugo López-Gatell asistió 16 veces y participó en 15 ocasiones. Al 30 de noviembre de 2021 el subsecretario López-Gatell asistió 130 veces y participó 120 veces.

[3] Desde el lunes 4 de noviembre de 2019 las conferencias de prensa del presidente López Obrador de los lunes incluyen videos del avance de las obras de infraestructura más importantes de su gobierno: el Aeropuerto Internacional Felipe Ángeles en la Base Aérea Militar de Santa Lucía; la refinería en el puerto de Dos Bocas, en Paraíso, Tabasco; el Tren Maya en la península de Yucatán; el tren interurbano México-Toluca; el corredor interoceánico en el istmo de Tehuantepec; el Bosque de Chapultepec, y el lago de Texcoco.

4   Véase *Animal Político* (2020b).

5   Véase Navarro (2021).

6   Véase Cattan (2021).

7   Véase *Proceso* (2021).

8   Conteo realizado del 2 de diciembre 2019 al 30 de noviembre de 2021.

9   La jefa de Gobierno de la Ciudad de México, Claudia Sheinbaum, electa también por Morena, llegó sin el cubrebocas al pódium de la conferencia de prensa del 24 de junio de 2020, aunque minutos después, ya sentada, se lo puso. Posteriormente, al emitir su mensaje desde el atril, se lo volvió a quitar.

10   Los funcionarios del gabinete ampliado son Zoé Robledo (IMSS), Raquel Buenrostro (SAT), Adelfo Regino Montes (INPI) y Ricardo Sheffield (Profeco) quien, a pesar de no formar parte del gabinete ampliado, ha ocupado un lugar relevante en las conferencias de prensa del presidente López Obrador cada lunes al reportar sobre los precios de la gasolina y el gas.

11   Un resumen de las acciones del gobierno de México para enfrentar la pandemia de covid-19 se encuentra en Ximénez-Fyvie (2021).

12   Conteo realizado del 2 de diciembre de 2019 al 30 de noviembre de 2021.

13   Moreno (2021b).

14   Conteo realizado del 2 de diciembre de 2019 al 30 de noviembre de 2021.

15   Véase Vox (2020).

16   Carlos Salinas (1988-1994) incrementó 34% su aprobación respecto del voto obtenido en su elección al finalizar su segundo año de gobierno, previo a la elección intermedia; Ernesto Zedillo (1994-2000) la incrementó 16%; Vicente Fox (2000-2006) la

incrementó 25 %; Felipe Calderón la incrementó 70 %; Enrique Peña la incrementó 7 %, y el López Obrador la incrementó 9 %. Véase Ramos (2020).

[17] En entrevista con Carlos Loret, el secretario de Hacienda y Crédito Público, Arturo Herrera, confundía cifras y totales de vacunas apartadas con compradas y con recibidas. Más aún, las cifras del secretario Herrera no concordaban con las cifras del secretario de Relaciones Exteriores, Marcelo Ebrard, encargado por el presidente López Obrador como el responsable de la logística de la adquisición y envío de las vacunas a México. Véase Loret (2021).

[18] Véase Organización Mundial de la Salud (2020).

[19] Conteo realizado del 2 de diciembre de 2019 al 30 de noviembre de 2021.

[20] Véase *Animal Político* (2021a).

[21] Conteo realizado del 2 de diciembre de 2019 al 31 de marzo de 2021.

[22] Véase *Animal Político* (2021a).

[23] Véase BBC *News Mundo* (2020).

[24] Véase Fundación Carlos Slim (2020).

8

Implicaciones económicas y de empleo, cifras y recuperación

Una de las promesas de campaña de López Obrador fue la cancelación del proyecto del Nuevo Aeropuerto Internacional de la Ciudad de México (NAICM) que se construía ya en la zona del lago de Texcoco (a 15 kilómetros del actual aeropuerto). En su lugar, se construiría un nuevo aeropuerto en la Base Aérea Militar de Santa Lucía, en el municipio de Zumpango, Estado de México (a 51 kilómetros del actual aeropuerto), como parte de un sistema metropolitano aeroportuario, en el que funcionara, simultáneamente con el aeropuerto de Toluca (que se encuentra a 69 kilómetros del actual aeropuerto). Después de la elección presidencial, el equipo de transición del presidente electo López Obrador organizó una consulta popular, del 25 al 28 de octubre de 2019, que buscaba conocer la opinión de la ciudadanía sobre cuál era el proyecto de su preferencia, con la siguiente pregunta:

"Dada la saturación del Aeropuerto Internacional de la Ciudad de México, ¿cuál opción piensa usted que sea mejor para el país?"

- Reacondicionar el actual aeropuerto de la Ciudad de México y el de Toluca y construir dos pistas en la base aérea de Santa Lucía.
- Continuar con la construcción del nuevo aeropuerto en Texcoco y dejar de usar el actual Aeropuerto Internacional de la Ciudad de México.

Más allá de las críticas al sesgo de la pregunta, y a pesar de que la consulta no fuera organizada por ninguna autoridad, ni fuera vinculante, participó poco más de un millón de personas, y se financió con los recursos de los legisladores del partido político de López Obrador. El resultado fue 75% a favor del proyecto de Santa Lucía, contrario a lo que todas las encuestas habían mostrado durante las semanas previas, en las que el proyecto de Texcoco ganaba con más del 55% en promedio.[1] Posteriormente al anuncio del resultado de la consulta, el peso mexicano y la Bolsa Mexicana de Valores registraron pérdidas.[2] Desde las primeras conferencias de prensa del presidente López Obrador en diciembre de 2018 evadía dos de cada tres preguntas que se le hacían directamente sobre el proyecto del aeropuerto de Santa Lucía, porcentaje mayor al que presentaba desde el inicio, al dejar de contestar directamente tres de cada 10 en total.

El impacto económico negativo de la decisión de la cancelación del NAICM y la construcción del aeropuerto en la Base Aérea Militar de Santa Lucía, posteriormente llamado Aeropuerto Internacional Felipe Ángeles, y proyectado a ser inaugurado en una primera fase el 21 de marzo de 2022,[3] fue agravado por otros proyectos prioritarios de infraestructura que el presidente anunció en las conferencias de prensa. Entre éstos se incluyó el rescate de Petróleos Mexicanos (Pemex) y la Comisión Federal de Electricidad (que serían los motores de la economía y que generarían el flujo de dinero necesario para financiar los programas sociales); la refinería en el puerto de Dos Bocas, en Paraíso, Tabasco, y el Tren Maya en la península de Yucatán. López Obrador afirmó en las conferencias de prensa que acabar con la corrupción y apostar por la autosuficiencia energética, especialmente en las gasolinas y en la electricidad, garantizaría que se creciera en promedio al 4% en su administración (21 veces), al doble que lo que se creció en los 36 años de lo que denomina "periodo neoliberal", y alcanzando 6% en 2024.[4]

No obstante, la "austeridad republicana" de AMLO como guía y ejemplo del combate a la corrupción llevó a recortes en diversas áreas de gobierno, lo que fue aparejado con un freno en el gasto público[5] y otras decisiones económicas controversiales incluidas en el Plan Nacional de Desarrollo,[6] cuyo contenido era más una cuestión de propaganda que un documento técnico que orientara el rumbo económico del país.[7] El producto interno bruto (PIB) de México en 2019, primer año del gobierno del presidente López Obrador, no creció (–0.055%),[8] y en el segundo año, ya en medio de la crisis por la pandemia por covid-19, la caída se prevé en -8.7%,[9] por lo que la recuperación en 2021 se estima en 5%, y se espera que en 2022 el ritmo de crecimiento de la economía regrese a niveles similares a 2019 (3%).[10] Al verse impedido de alcanzar la meta de crecimiento ni en el año ni en su administración, y ante negativas constantes de aceptar que México estaba en recesión, en la conferencia del 21 de mayo de 2020 el presidente mencionó que un equipo de expertos a su cargo estaba desarrollando un "índice de bienestar", el cual incluiría otros indicadores además del crecimiento del PIB que, afirmó, era una medición neoliberal y que no servía porque no tomaba en cuenta otros factores importantes para evaluar el estado de ánimo del pueblo que, según sus encuestas, estaba "feliz, feliz, feliz".[11] Al 30 de noviembre de 2021 no ha presentado el "índice de bienestar".

López Obrador se ha negado a aceptar que sus decisiones de gobierno han tenido un impacto negativo en el manejo de la economía y ha argumentado que los señalamientos son campañas orquestadas en su contra, por quienes antes se beneficiaban y ahora están molestos por la transformación en curso. Sus críticas incluyen reclamos a las agencias calificadoras internacionales que, al confirmarse la recesión ocasionada por las decisiones de gobierno y por la pandemia, degradaron la nota crediticia de México, lo cual impacta directamente en la capacidad de adquisición futura de deuda y en el grado de inversión. El presidente ha mencionado en las conferencias de prensa que las calificadoras tienen una metodología incompleta, pues no toman en cuenta otros factores únicos en el caso de México, como su humanismo (mencionado 28 veces) y su cultura (mencionada 434 veces). Se ha referido 70 veces en las conferencias de prensa a las agencias calificadoras, que al 31 de marzo de 2021 aún no mejoran la calificación crediticia de México.[12]

El objetivo de AMLO ha sido reactivar la economía a través de la explotación del petróleo. La inversión en Pemex, la construcción de la refinería de Dos Bocas, en Tabasco, y la rehabilitación de las refinerías existentes es su apuesta por las energías fósiles, en contra de la tendencia mundial que privilegia el uso de energías renovables. De acuerdo con lo mencionado por él en las conferencias de prensa, México será autosuficiente en la refinación de gasolinas, para así no comprarlas en el extranjero, por

TABLA 15. **MENCIONES DEL PRESIDENTE LÓPEZ OBRADOR DEL AVANCE EN LA REHABILITACIÓN DE LAS REFINERÍAS DE PEMEX EN LAS CONFERENCIAS DE PRENSA, 1 DIC 2018-30 NOV 2021**

FECHA	CAPACIDAD DE PRODUCCIÓN
10 de enero, 19 de marzo y 1 de abril de 2019	30%
10 de mayo de 2019	35%
24 de julio de 2019	Aumentando
16 de agosto de 2019	38%
17 de septiembre de 2019	Aumentando
20 de septiembre de 2019	Produciendo más gasolina
23 de septiembre de 2019	50%
5 de noviembre de 2019	Produciendo más gasolina
26 de noviembre de 2019	40%
20 de febrero de 2020	≈50%
18 de marzo de 2020	42%
31 de marzo de 2020	Aumentando
21 de abril de 2020	≈50%
22 de abril de 2020	47%*
27 de abril de 2020	≈50%
23 de diciembre de 2020	≈60%
19 de marzo de 2021	Aumentando 75%**
12 de mayo de 2021	Procesando más
26 de mayo de 2021	75%
29 de mayo de 2021	65%

* El presidente López Obrador mencionó que es el 60%, sin embargo, 800 000 barriles representan tan solo el 47% del millón 700 000 barriles diarios.
** Producción reajustada a un millón 200 000 barriles diarios.
Fuente: Elaboración propia con base en las versiones estenográficas de la página oficial de Presidencia de la República (https://www.gob.mx/presidencia/).

lo que ha dado seguimiento no sólo al avance en la construcción de la refinería en Dos Bocas, sino también a la modernización de las seis refinerías de Cadereyta, Madero, Minatitlán, Salina Cruz, Salamanca y Tula. En lo que va de su administración se han registrado incendios en las refinerías de Minatitlán, Salina Cruz, Salamanca, Tula y Cadereyta.[13]

Las decisiones de política económica ocasionadas por la pandemia han dificultado el plan de desarrollo del gobierno de López Obrador, y han retrasado la recuperación económica. En todo momento el presidente ha reiterado que mantener los estímulos económicos de los programas sociales a las personas de menor ingreso, al mismo tiempo que evitar utilizar la mayoría de los recursos en apoyar a las micro y pequeñas empresas, ha sido correcto (contrario a los planes de recuperación económica implementados en otros países que han presentado un menor impacto en sus finanzas por la pandemia por covid-19), y ha afirmado en las conferencias de prensa 15 veces que el apoyo para los pobres es lo que ha permitido que se mantenga el consumo estable, pues no era viable apoyar a las grandes empresas, como ocurrió antes, cuando se apoyó con el Fondo Bancario de Protección al Ahorro (Fobaproa) (159 veces) a costa de los recursos para los pobres. Gracias a la recesión, debido a la pandemia y las decisiones del gobierno, la economía mexicana perdió 157 000 empleos formales y 12 millones de empleos informales, además de que la recaudación de impuestos presentó una reducción.[14] Con el objetivo de mantener los recursos para los programas sociales intactos, el presidente López

Obrador redobló su decisión de reducir o eliminar los gastos de gobierno, incluyendo las propuestas para desaparecer diversos organismos autónomos, tales como el Instituto Federal de Telecomunicaciones (mencionado 34 veces en las conferencias de prensa), el Instituto Nacional de Transparencia, Acceso a la Información y Protección de Datos Personales (mencionado 135 veces)[15] y el Instituto Nacional Electoral (mencionado 304 veces), así como el inicio de litigios con grandes empresas para que cumplan con sus obligaciones fiscales, en vez de posponer el pago de impuestos después de la pandemia para estimular el crecimiento económico y la generación de empleos.[16]

Mientras que el presidente afirma que la economía mexicana se recuperaría pronto gracias a las decisiones de su gobierno y a la estrategia de entregar apoyos económicos a las familias con menos recursos, ha presumido 173 veces en las conferencias de prensa el incremento de las remesas enviadas por los mexicanos que viven en Estados Unidos, agradeciéndoles en cada ocasión a los migrantes al calificarlos como "héroes vivientes" (27 veces), pues con ello han apoyado a las familias con menos recursos en México. AMLO le adjudica al incremento récord en los envíos de remesas, junto con los apoyos económicos de sus programas sociales, que la economía mexicana no hubiera colapsado por la parálisis generada por la pandemia, y así evita hablar del impacto por las empresas que redujeron su tamaño, detuvieron temporalmente sus operaciones o cerraron por falta de apoyos del gobierno. En las conferencias de prensa ha mencionado como indicadores de la recuperación económica el número de empleos formales registrados en el Instituto Mexicano del Seguro Social (67 veces), la tendencia en el consumo de las tiendas de autoservicio (15 veces), que no se haya contratado deuda adicional (123 veces) y que el tipo de cambio se haya mantenido relativamente estable durante 2020 (19 veces).[17] El presidente opta por mediciones que muestran estabilidad más que recuperación, y deja de lado o minimiza cualquier otra que pudiera revelar la magnitud del impacto económico de las decisiones de gobierno previas y posteriores a la pandemia.

Uno de los temas que evita mencionar, en la medida de lo posible, es el Tratado de Libre Comercio de América del Norte (TLCAN), firmado en la administración de Carlos Salinas de Gortari (1988-1994), que ha consolidado la vecindad económica y cultural, y que por sus implicaciones podría bien ser la transformación más relevante desde la Revolución mexicana. Donald Trump, desde su campaña a la presidencia de Estados Unidos en 2016, reiteró que el TLCAN era uno de los peores acuerdos comerciales de su país, lo que formaba parte de una ofensiva en contra de los migrantes mexicanos con la finalidad de movilizar a la base identificada con el Partido Republicano. Trump afirmó que renegociaría las condiciones del tratado, e incluso amagó a los gobiernos de Peña Nieto y de López Obrador con construir un muro en la frontera pagado por México.

A pesar de que cuando fue candidato López Obrador criticó al presidente Trump respecto de su actitud frente a México,[18] una vez ya como presidente la historia fue diferente. Pendiente la ratificación del Tratado entre México, Estados

Unidos y Canadá (T-MEC), el 30 de abril de 2019 Donald Trump anunció que impondría crecientemente aranceles a todos los productos importados desde México de no resolverse de inmediato la situación migratoria, que implicaba contener las caravanas migrantes de Centroamérica.[19] No obstante que AMLO mencionó en la conferencia de prensa del 23 de marzo de 2021 que la relación con Estados Unidos siempre ha sido "de respeto, de respeto mutuo, y le agradecemos mucho al gobierno de Estados Unidos de que no interfiera y no violente nuestros principios constitucionales de política exterior", lo cierto es que la amenaza de los aranceles fue resuelta gracias al despliegue de la Guardia Nacional de México en su frontera con Guatemala para controlar el flujo de los migrantes. Además, el gobierno de López Obrador se vio obligado a dar asilo temporal a quienes se encontraran en tránsito rumbo a Estados Unidos y recibir a aquellos que su situación legal esté pendiente de revisión, lo que, en términos prácticos, convertía a México en "tercer país seguro", a pesar de la constante negativa del gobierno mexicano de aceptar tal definición,[20] en especial porque no cuenta con la infraestructura ni el marco jurídico necesarios. Insistió en que la relación con el presidente Trump siempre fue respetuosa de la soberanía, aunque la amenaza de imposición de aranceles a productos mexicanos en 2019 puso en evidencia el peso relativo de cada país.

Un nuevo episodio de la relación de dependencia de México con Estados Unidos se presentó en la primera gira internacional que realizó el presidente López Obrador a Estados Unidos.

El 8 de julio de 2020 asistió a la Casa Blanca como invitado del presidente Donald Trump con motivo de la entrada en vigor del T-MEC y para revisar temas de la agenda bilateral, aunque la visita también fue visualizada como un evento más de campaña de Trump por la reelección. Desde el incidente de la amenaza por los aranceles, el mandatario mexicano se refirió con cortesía al presidente Donald Trump (contrario al lenguaje utilizado en mensajes al entonces presidente Enrique Peña sobre las acciones de su gobierno respecto del entonces candidato del Partido Republicano, o los registrados durante su campaña por la presidencia en 2018). Dicha actitud contrastaba cuando se refería al entonces candidato demócrata Joe Biden, a quien se refería como "el señor" o "el candidato demócrata" sin decir siquiera su apellido. Al momento de la gira a Estados Unidos el presidente López Obrador había mencionado 269 veces a Donald Trump en las conferencias de prensa, mientras que a Joe Biden sólo lo había mencionado dos veces.

La deferencia con Donald Trump de parte de López Obrador se extendió hasta después de que Trump fue derrotado en las elecciones de noviembre de 2020, pues AMLO se negó a felicitar a Joe Biden, a pesar de que diversos mandatarios de países miembros de la Organización para la Cooperación y el Desarrollo Económicos (OCDE), a la que pertenece México, publicaron su felicitación al nuevo presidente electo de Estados Unidos. Mientras que Donald Trump no aceptaba el resultado, argumentaba fraude sin evidencia y llamaba a sus seguidores a que tomaran por asalto el Capitolio, recinto donde los legisladores estadounidenses llevarían a cabo la validez del conteo del Colegio Electoral, y cuya convocatoria tuvo como resultado la cancelación de sus cuentas en redes sociales, el presidente López Obrador esperó hasta el 15 de diciembre de 2020, 38 días después de la elección presidencial en Estados Unidos, para hacer llegar una carta al presidente electo Joe Biden expresando sus felicitaciones ante su victoria. En contraste, López Obrador felicitó a los presidentes electos de Argentina, Bolivia y El Salvador el mismo día de sus respectivas jornadas electorales.

El presidente de México viajó a Estados Unidos con motivo de la visita oficial al presidente Donald Trump en avión comercial, porque no usaría el avión presidencial, ya que no pensaba salir de gira, pues ha mencionado 18 veces en las conferencias de prensa que "no se puede ser candil de la calle y oscuridad de la casa", 14 veces que "la mejor política exterior es la interior" y que, por ello, "México ahora es respetado en el concierto de las naciones" (mencionado 11 veces). El avión presidencial que fue adquirido durante el sexenio de Felipe Calderón, y utilizado por Enrique Peña, fue puesto a la venta por López Obrador sin que se haya vendido, al menos hasta mediados de 2021. La presión que impone que la venta de dicho avión haya sido una promesa de campaña llevó al presidente a enviarlo a un hangar en California, Estados Unidos, para que se pusiera a la vista de potenciales compradores para regresarlo después de 19 meses al hangar presidencial en la Ciudad de México. El presidente ha mencionado nueve veces en las conferencias de prensa que ya existen compradores del avión presidencial, y que el pago consistiría en efectivo, en medicinas para solucionar el desabasto en México y hasta en vacunas contra el covid-19.

El protagonismo del avión presidencial aumentaba en las conferencias de prensa sin que hubiera una solución a la vista hasta que, en la conferencia del 7 de febrero de 2020, López Obrador anunció que lo rifaría, y que el dinero recaudado serviría para apoyar la estrategia migratoria; para viajes comerciales y para gasolina de automóviles particulares; para compra de equipo médico y mejoras al sistema de salud, y para el beneficio del pueblo. Posteriormente, después de críticas y burlas, dijo en la conferencia de prensa del 7 de febrero de 2020 que se rifaría el equivalente del valor del avión presidencial el 15 de septiembre de 2020, mismo día del aniversario de la Independencia de México, mediante un sorteo organizado por la Lotería Nacional (Lotenal), con seis millones de fracciones o cachitos, equivalente a 100 premios de 20 millones de pesos cada uno, dando un total de 2000 millones de pesos en premios. En las conferencias de prensa ha mencionado la venta del avión presidencial 172 veces, mientras que mencionó 142 veces la rifa de su valor equivalente.

Ante el reto de vender boletos de una rifa en medio de una recesión económica (aún no agravada por el impacto de la pandemia), puesto que cada billete o "cachito" costaba 500 pesos (a diferencia de los billetes de lotería por premios más grandes que cuestan una cuarta parte),[21] el presidente recurrió a los empresarios para pedirles su apoyo en la compra de los boletos para la rifa del valor equivalente del avión presidencial. Normalmente, López Obrador invita a los empresarios a eventos protocolarios

TABLA 16. **ASISTENCIAS Y PARTICIPACIONES DE EMPRESARIOS A LAS CONFERENCIAS DE PRENSA, 1 DIC 2018-30 NOV 2021**

EMPRESARIOS	ASISTENCIAS	PARTICIPACIONES
Carlos Salazar	9	8
José Manuel López	9	4
Antonio del Valle	5	2
Francisco Cervantes	5	0
Fernando Landeros	3	3
Luis Niño de Rivera	3	1
Carlos Slim Domit	3	2
Sylvia Varela	2	2
Olegario Vázquez Aldir y Emilio Azcárraga	2	1
Annette Ortiz, Benjamín Salinas, Carlos Slim, César Cernuda, Eduardo Osuna, Felipe García Moreno, Fernando Calvillo, Francisco González, Gerald Rizzieri, Lizete de la Torre, Nuno Matos y Xuefeng Yu	1	1

Fuente: Elaboración propia con base en las conferencias de prensa del presidente López Obrador publicadas en la página oficial de Presidencia de la República (https://www.gob.mx/presidencia/).

y cuando necesita un favor. La relación de AMLO con el sector empresarial se refleja, cada mañana en las conferencias de prensa, en el lenguaje que utiliza para referirse a ellos y, sobre todo, al destacar a unos cuantos a los que les adjudica una "visión social". El número de empresarios que asisten a las conferencias es reducido.

En la conferencia del 13 de febrero de 2020 el presidente informó que durante una cena con 75 empresarios (en la que el menú incluyó tamales de chipilín) se comprometió la venta de tres millones de billetes, equivalentes a 50% del total, con un valor de 1 500 millones de pesos. Sin existir una lista de quiénes asistieron a la cena y cuánto se comprometió a comprar cada uno, presumió el apoyo del sector empresarial en el que sería

uno de los episodios de las conferencias de prensa más critica-
dos, menos transparente y cuyo ruido más distraería del resto de
sus acciones de gobierno.

Cinco meses después, en la conferencia de prensa del 13 de
julio de 2020, el director de la Lotenal, Ernesto Prieto, mencionó que las ventas al 10 de julio eran de 22.6%, es decir,
1 355 000 billetes. Dos semanas después, en la conferencia de
prensa del 27 de julio, Prieto informó que al 24 de julio se había
vendido "alrededor" de 25.5%, equivalente a 1 530 800 billetes. El 12 de agosto Prieto informó que al 11 de agosto se había
vendido 33.7%, equivalente a 2 024 000 billetes. Hasta ese momento, al ritmo en el que se estaban vendiendo los billetes del
sorteo del valor equivalente del avión presidencial, se habrían
necesitado 459 días más para venderse todos, finalizando el 12
de junio de 2021, no el 15 de septiembre de 2020, para cuando
estaba programado el sorteo. Asimismo, el presidente López
Obrador anunció en la conferencia de prensa del 12 de agosto
de 2020, sin aclarar en qué se habría utilizado el dinero recaudado hasta ese momento, que los billetes que no se vendieran se
asignarían a hospitales del sector salud.

A dos semanas de que se llevara a cabo el sorteo del valor
equivalente del avión presidencial afirmaba, en anuncios sobre el segundo informe de gobierno, que se rifaría el avión,
no su equivalente, lo cual era falso.[22] Apenas a una semana de
que se llevara a cabo el sorteo, el director de la Lotenal, Ernesto Prieto, informó que se habían vendido 3 815 200 billetes,
equivalentes a 63% del total de seis millones. El presidente

aseguró en la conferencia de prensa que se repartirían 1 000 billetes entre los 976 hospitales covid, lo que permitiría dos cosas: la primera, que restara por venderse poco más de la mitad de los dos millones de billetes faltantes (facilitando completar el monto del sorteo), y la segunda, que de resultar ganadores, los trabajadores de la salud en los hospitales decidirían cómo utilizar esos 20 millones de cada uno de los 100 billetes premiados, siempre y cuando fuera en la adquisición de equipo médico o mejoras a las instalaciones, la finalidad última del sorteo. A la fecha no se ha detallado cómo ha sido la asignación de los premios a los hospitales covid, cuánto equipo médico se ha comprado ni cómo se administraron los recursos para financiar el sorteo.

Surgen dudas sobre el sorteo del valor equivalente del avión presidencial desde diversos ángulos, no sólo desde la cuestión por la cual el presidente López Obrador decide rifar los recursos a los hospitales en vez de entregarlos directamente, sino, en especial, sobre el origen de los recursos para financiar el sorteo. Sobre todo para adquirir el millón de billetes que se "regalaría" a los hospitales covid, que supuestamente provendrían de 500 millones de pesos que la Fiscalía General de la República (FGR) aportaría al Instituto para Devolver al Pueblo lo Robado (Indep). El sorteo del valor equivalente del avión presidencial, a unos días de que se llevara a cabo, ni siquiera contaba con los recursos necesarios para garantizar los premios. Más aún, no aclaró cómo el Indep entregaría los recursos a la Lotenal para comprar billetes de su rifa, ni cuál era el origen de los 500 millones de pesos que la FGR entregaría al Indep para comprar los billetes,[23] mucho menos dónde quedaron los recursos comprometidos por 75 empresarias y empresarios, invitados a cenar tamales de chipilín en el Palacio Nacional que, según el presidente López Obrador, equivaldrían a la compra de la mitad de los seis millones de billetes.

El problema del sorteo del valor equivalente del avión presidencial no sólo fue ajustar la ocurrencia del presidente, expresada en una conferencia de prensa, sino más bien la falta de transparencia en el manejo de los recursos públicos y los informes de los avances de la venta de los billetes y la entrega de los premios. Lo que en su momento fue para él una fácil solución para cumplir una de sus más importantes promesas de campaña, la rifa del valor equivalente del avión presidencial (que sigue sin venderse), se convirtió en la necesidad de apenas completar lo necesario para cubrir los premios.

La idea de López Obrador del combate a la corrupción se ha visto, al mismo tiempo, fortalecida y debilitada por la creación del Indep. En la conferencia de prensa del 14 de mayo de 2019 mencionó que el Servicio de Administración y Enajenación de Bienes cambiaría su nombre por el del Instituto para Devolver al Pueblo lo Robado, que sería la institución de gobierno que mantendría las funciones de subastar los bienes incautados a los particulares por parte del Estado mexicano. El presidente utilizaría al Indep para reorientar los recursos de los bienes confiscados hacia sus programas sociales y obras de infraestructura. Las subastas de los bienes por parte del

Indep han recibido críticas de estar direccionadas para favorecer a algunos compradores, y su personal ha sido señalado por robar algunos de los bienes a subastar, de acuerdo con denuncias de sus propios directivos.[24] Una de las principales acciones del gobierno de López Obrador para justificar el combate a la corrupción y entregar dinero a las personas con menos recursos no estaba funcionando, de acuerdo con versiones de los propios funcionarios pertenecientes a la denominada "Cuarta Transformación".

NOTAS

[1] Véase Estrada (2018a).

[2] Véase Marcos y Riojas (2018).

[3] Día del natalicio de Benito Juárez.

[4] Véase https://www.elfinanciero.com.mx/economia/amlo-va-por-crecimiento-del-6-hacia-2024-plan-nacional-de-desarrollo/.

[5] Véase Cámara de Diputados, LXIV Legislatura. Centro de Estudios de las Finanzas Públicas (2020).

[6] Véase *El Economista* (2019).

[7] Se presentaron dos diferentes versiones del Plan Nacional de Desarrollo, una elaborada por la secretaría de Hacienda y Crédito Público y la otra por la Presidencia de la República, lo que marcó un conflicto entre el presidente López Obrador y el secretario de Hacienda, Carlos Urzúa, quien renunció a su cargo el 9 de julio de 2019.

[8] Véase Banco Mundial (2020).

[9] Véase Morales (2020).

10   Véase Morales (2021).

11   Así lo mencionó el presidente López Obrador en la conferencia del 19 de agosto de 2019.

12   A pesar de que mostró preocupación por la baja crediticia, el secretario de Hacienda y Crédito Público, Arturo Herrera, quien sustituyó a Carlos Urzúa, apoyó el anuncio de Pemex de cancelar los servicios de Fitch, argumentando ahorros a la empresa productiva del Estado mexicano. Véanse Domínguez (2020) y Bloomberg y Barrera (2021).

13   Al 31 de noviembre de 2021 se han registrado cuatro incendios en la refinería de Salina Cruz, Oaxaca; tres incendios en Cadereyta, Nuevo León; dos incendios en Minatitlán, Veracruz, y un incendio en Salamanca, Guanajuato.

14   En la conferencia de prensa del 24 de diciembre de 2020 el presidente López Obrador admitió que la recaudación de impuestos sólo había crecido 0.2% en términos reales (controlando por inflación), a pesar de que la población económicamente activa creció por encima de esa tasa durante el mismo periodo, lo cual implica que hubo menor recaudación.

15   El presidente López Obrador se refiere al Instituto Nacional de Transparencia, Acceso a la Información y Protección de Datos Personales como "Instituto de la Transparencia", el cual ha mencionado 123 ocasiones. Sin embargo, el nombre o las siglas del instituto propiamente sólo lo ha mencionado en 12 ocasiones.

16   Véase Beauregard (2021).

17   Conteos realizados del 1.º de enero 2020 al 31 de marzo 2021.

18   El 29 de agosto de 2017, en su campaña por la presidencia, López Obrador presentó en Los Ángeles, California, su libro *Oye, Trump*, en el que llamó al presidente de Estados Unidos "a no cerrar fronteras o imponer aranceles y, mucho menos, apostar a

una guerra comercial con ningún país o bloque de países". Véase López Obrador (2017).

[19] Un comunicado de la Casa Blanca afirmó que los aranceles podrían incrementarse, de 5 hasta 25% si el asunto migratorio no estaba resuelto para octubre de 2019. Véase *BBC News Mundo* (2019b).

[20] Véanse *BBC News Mundo* (2019a) y Díez (2019).

[21] Anualmente, el sorteo "Gordo" de Navidad de la Lotería Nacional tiene un total de 320000 billetes en cuatro series numeradas del 0 al 80000. Una fracción o "cachito" es uno de los 20 pedazos de cada uno de los 320000 billetes. El sorteo "Gordo" de Navidad tiene un total de 16722 premios y reintegros, y la bolsa total del premio es de 430259000 pesos, siendo el más grande de todos los sorteos de la Lotenal. Véase TuLotero (2020).

[22] El presidente López Obrador grabó un mensaje dentro del avión presidencial, a pesar de que había afirmado que nunca se subiría, con motivo de su Segundo Informe de Gobierno. Véase López Obrador (2020).

[23] En la conferencia de prensa del 10 de febrero de 2020 el fiscal general de la República, Alejandro Gertz, entregó un cheque al presidente López Obrador por 2000 millones de pesos, para que fuera recibido por el Indep. Días después se reportó que el cheque no tenía fondos. Véase Barajas (2020).

[24] Jaime Cárdenas, uno de los colaboradores más cercanos del presidente López Obrador a lo largo de toda su trayectoria política, renunció a la dirección del Indep apenas unos meses después de ser nombrado y publicó una carta en la que denunciaba diversos actos de corrupción al interior, desde subastas amañadas hasta robo de joyas. Véase *El Universal* (2020).

9

Elecciones y ajustes poselectorales de AMLO

Las votaciones intermedias de 2021 en México, para elegir 15 gobernadores, 1 907 presidentes municipales, 30 congresos locales y la totalidad de la Cámara de Diputados,[1] tuvieron un resultado anticlimático. El presidente Andrés Manuel López Obrador (AMLO) esperaba que su campaña permanente tuviera un efecto "arrasador" (contrario a lo que normalmente sucede en las elecciones intermedias en las que los partidos del gobierno pierden votos),[2] que se reforzara la mayoría de su partido en el Congreso y se posicionara claramente como un partido hegemónico, como lo fue el Partido Revolucionario Institucional (PRI) a mediados del siglo XX. Por su parte, la oposición, inusualmente aliada entre el Partido Acción Nacional (PAN), el PRI y el Partido de la Revolución Democrática (PRD), pretendía hacerles frente al presidente AMLO y a su partido y, de acuerdo con los resultados de gobierno, propinarles una clara derrota, debido a que esperaba que quedara demostrada la ausencia de control del gobierno, en especial en los temas económicos, de salud y de seguridad. Lo que en realidad sucedió fue que, en relación con las expectativas de ambos bandos, nadie ganó todo ni perdió todo, técnicamente fue un empate: Morena perdió votos y curules en la Cámara de Diputados, pero ganó 10 de 15 gubernaturas.[3] La alianza PRI-PAN-PRD ganó la mitad de las alcaldías de la Ciudad de México (bastión lopezobradorista), y las capitales de algunos estados ganados las obtuvo Morena.[4] Así, con resultados mixtos, se proyectaba que, de mantener la misma estrategia para las elecciones presidenciales de 2024, no alcanzaría para aclamarse como ganador claro y arrasar. Había que modificar el plan y las acciones.

La campaña permanente del presidente López Obrador en las conferencias de prensa, de lunes a viernes desde el Palacio Nacional, intensificada durante la veda electoral, previa a la elección intermedia de 2021, rondó en los límites de la ley, que prohíbe la intromisión de las autoridades para favorecer a las y los candidatos de sus partidos políticos durante las campañas electorales. El presidente opinó, principalmente, sobre las y los candidatos en Guerrero, Michoacán y Nuevo León, y desacreditó al partido conservador, cualquiera que éste sea, siempre y cuando no fuera Morena, su propio partido político o sus aliados. De acuerdo con las cifras de SPIN, del 4 de abril al 14 de mayo de 2021 el presidente AMLO habló 50 veces sobre el proceso en Guerrero, 28 veces del de Michoacán y 22 veces del de Nuevo León, emitiendo afirmaciones que podrían ser causa de anulación de las elecciones.

Sin la posibilidad legal de presumir logros y avances de su gobierno durante las conferencias de prensa, el presidente

AMLO aprovechó todas las oportunidades para mencionar cualquiera de sus programas sociales, lo que le sirvió para provocar a las autoridades electorales (a las cuales descalificó antes de la elección), y a las y los representantes de los medios de comunicación (que no publican la mayoría de sus afirmaciones, al no contar con la evidencia que las sustente). El presidente ha mencionado 27 veces que en México no ha habido democracia, y 783 veces que ha habido fraude, en especial el que supuestamente sufrió en 2006 y por el que, afirma, le "robaron la presidencia". Sin evidencia, y con los mismos argumentos que se expusieron en el conflicto poselectoral hace más de 15 años, Obrador utiliza el resultado de la elección presidencial que perdió por 0.53% de la votación frente a Felipe Calderón para diversos propósitos. Sus argumentos han abarcado clasificar como adversarios a quienes firmaron desplegados apoyando la decisión del Tribunal Electoral que avaló el resultado de la elección (incluyendo a dos de los actuales consejeros electorales del Instituto Nacional Electoral —INE—); justificar que ha existido fraude en México (a pesar de que no ha mostrado, en ésa o en otras elecciones, ninguna evidencia que respalde sus aseveraciones), y afirmar que si él hubiera ganado entonces no se habrían incrementado ni la violencia ni la corrupción (lo que no puede jamás corroborarse). Más importante aún, al señalar, sin pruebas, que tanto el INE como el Tribunal Electoral del Poder Judicial de la Federación han avalado fraudes en el pasado, el presidente tiene como objetivo minar la autoridad de los órganos electorales para que, en caso de que haya resultados desfavorables para su partido político en las elecciones intermedias, prepare el terreno para la movilización y la presión mediática, a falta de documentos legales que sustenten sus afirmaciones.

Contrario a la ley electoral vigente, que impide que las autoridades, y en especial el presidente de la República, opinen sobre los procesos electorales en marcha, AMLO se ha entrometido en, al menos, tres procesos electorales locales (lo que podría haber ocasionado su anulación), y ha hecho afirmaciones que impactaron la elección federal para renovar la Cámara de Diputados. Más aún, durante las campañas políticas, promocionó en las conferencias de prensa los programas sociales de su gobierno, a pesar de las advertencias por parte de las autoridades electorales de que sería sancionado. Ante ello, López Obrador se ha burlado de las llamadas de atención de las autoridades electorales, se ha victimizado argumentando que siempre han estado en su contra, y las provoca diariamente en las conferencias. Ya sea por la veda electoral o porque su gobierno carece de avances y no enfrenta adecuadamente las crisis cotidianas, utilizó el tiempo de sus conferencias de prensa para lanzar duros ataques y críticas a sus enemigos, reales e imaginarios, rumbo a las elecciones intermedias que representaban una especie de referéndum a su administración.[5]

Así, desde la primera conferencia de prensa posterior a las elecciones, usó el micrófono, cada mañana desde el Palacio Nacional, para justificar los resultados electorales y para interpretar las motivaciones de las y los votantes. No obstante, en línea con lo que expone el presidente cada día en las conferencias, reforzó los mismos argumentos que había ya expresado respecto de sus enemigos, reales e imaginarios, y adjudicó la influencia de los medios de comunicación tradicionales que publican noticias desfavorables a la imagen que busca proyectar de su gobierno. De acuerdo con López Obrador, la razón por la que perdió Morena, su partido político, en la Ciudad de México, fue porque los votantes durante la pandemia pasaron demasiado tiempo frente a la televisión y escuchando el radio, donde los medios tradicionales daban a conocer noticias negativas de su gobierno, las cuales clasificó, sin evidencia ni sustento, como falsas.[6]

Los ataques a los medios de comunicación de parte del presidente en las conferencias de prensa no tuvieron una nueva línea argumentativa, sino una frecuencia mayor y, por tanto, con carencia de sustento. AMLO califica a los medios de comunicación "tradicionales", tanto nacionales como extranjeros, como neoliberales, conservadores, sin ética periodística y, sobre todo, como orquestadores de una campaña para desprestigiar su gobierno. Sin importar que los medios de comunicación muestren evidencia para sustentar la información que publican sobre el gobierno, y así mantener sus audiencias, y por tanto, sus patrocinadores, el presidente los descalifica sin más que adjetivos reiterados a lo largo de su administración desde las conferencias de prensa, pero sobre todo sin evidencia que demuestre que lo publicado por los medios de comunicación está equivocado, descontextualizado o incompleto. Desde un plano subjetivo, López Obrador afirma que los medios de comunicación no tienen moral y, por tanto, no son confiables, lo que contrasta ampliamente con la ausencia de información que respalde lo que las y los representantes del gobierno, incluyendo al propio presidente, exponen cada mañana en las conferencias de prensa desde el Palacio Nacional, con el uso de recursos públicos.

Es común que las y los presidentes dediquen tiempo a debatir con los medios de comunicación sobre las acciones de sus gobiernos. No obstante, son pocos los que hacen de los ataques a los medios la esencia de su política de comunicación. Cristina Fernández en Argentina, Hugo Chávez y Nicolás Maduro en Venezuela, Rafael Correa en Ecuador y Donald Trump en Estados Unidos, por mencionar algunos, iniciaron ofensivas contra los medios de comunicación que no publicaban notas favorables argumentando que, al publicar noticias que criticaban las acciones de sus gobiernos, tenían intereses contrarios a los del "beneficio de la nación" y el "bienestar de sus pueblos".[7]

En México, el presidente ha retomado la fórmula del ataque a los medios de comunicación bajo una premisa distinta, pues asegura que, en concordancia con la política de austeridad que pregona, la reducción del gasto de su gobierno en publicidad gubernamental a los diarios más importantes ocasionó que publiquen notas desfavorables porque están "muy enojados". AMLO remata su argumento con la afirmación falsa de que, antes de su mandato, los medios que hoy publican noticias negativas sobre los gobiernos "no lo hacían anteriormente", reiterando, también falsamente, que es "el presidente más atacado" por los medios de comunicación en los últimos 100 años.

De acuerdo con cifras de SPIN, López Obrador ha mencionado 29 veces que los medios de comunicación antes "callaban como momias" sobre actos de los gobiernos anteriores que, sin evidencia de por medio en la amplia mayoría de los casos, denuncia como presunta corrupción. De hecho, la contradicción del ataque del presidente hacia los medios de comunicación consiste en que, mientras que él no sustenta sus afirmaciones (de acuerdo con cifras de SPIN, en 740 conferencias de prensa al 30 de noviembre de 2021 acumula más de 66 000 afirmaciones falsas, engañosas o sin sustento, solamente en las conferencias —un promedio de 90 por cada una—), los medios de comunicación están obligados a sustentar cada noticia publicada, no sólo por ética periodística, sino porque su credibilidad derivará en la fidelidad de las y los lectores y, por tanto, en contratos por parte de los anunciantes.

Su argumento no se sostiene: los medios de comunicación que reciben menos ingresos por publicidad gubernamental dependen aún más de sus audiencias y de sus patrocinadores; los medios de comunicación que reciben más ingresos por publicidad gubernamental no se detienen a verificar la información que publican sobre las acciones de gobierno. De acuerdo con cifras de SPIN, entre los siete diarios de circulación nacional más importantes (*El Economista*, *El Financiero*, *El Universal*, *Excélsior*, *La Jornada*, *Milenio* y *Reforma*), *La Jornada* es el que más veces publica como nota principal el tema inicial de la conferencia de prensa de López Obrador del día anterior (85 veces), y es también el medio de comunicación impreso que más dinero recibe por publicidad por parte del gobierno.[8]

Frente a la realidad documentada por los medios de comunicación, nacionales e internacionales, el presidente incluyó en las conferencias la sección semanal "Quién es Quién en las Mentiras", que busca desacreditar a los medios de comunicación que publican noticias que contienen información que el gobierno considera falsas o incompletas. AMLO ha mencionado 72 veces que las conferencias son el espacio que tiene para su "derecho de réplica", cuando en realidad deberían servir para posicionar temas y no para reaccionar, tarde y mal, debido a la falta de transparencia en la información del gobierno. La crítica a los medios de comunicación en la sección "Quién es Quién" se deriva de la complementación de la información publicada por el propio gobierno, que en su momento no explicó bien o dio a conocer información parcial, o en la mayoría de los casos, a solicitudes de información a través de la ley de transparencia, declaró que los documentos solicitados son inexistentes, las y los reporteros demuestran que funcionarios del gobierno se extralimitan, son omisos o corruptos. Por supuesto, el presidente minimiza la información y critica a los medios de comunicación, señalándolos de aliados de los conservadores y, también, de corruptos.

La sección "Quién es Quién" es la herramienta predilecta de AMLO en las conferencias de prensa para señalar, sin metodología clara en cualquier caso, a personajes, empresas o medios de comunicación que no están alineados con la visión del gobierno de la denominada "Cuarta Transformación". Según cifras de SPIN, el presidente ha incluido al menos 20 temas en los cuales se podría establecer un "Quién es Quién", que van desde los jueces y magistrados del Poder Judicial, hasta los servicios sanitarios en las gasolineras del país, aunque sólo el del precio de las gasolinas y el de los medios de comunicación son los que han durado más de tres exposiciones.[9] Según López Obrador, su preferencia por usar el "Quién es quién" proviene del tiempo en que fue funcionario en el gobierno de Miguel de la Madrid, encargado en el Instituto Nacional del Consumidor de publicar el "Quién es Quién en los Precios" en la *Revista del Consumidor*.[10]

A pesar de ser una de sus secciones favoritas en la conferencia diaria, el presidente no conduce el "Quién es Quién en las Mentiras", sino que la delega en una funcionaria del área de comunicación social de la Oficina de la Presidencia, quien titubeante y poco elocuente lee un texto que alguien más redacta. Al utilizar la "falacia de evidencia incompleta",[11] puesto que selecciona dos o tres ejemplos para generalizar la descalificación a los medios de comunicación, la sección ha sido señalada por diversas organizaciones, nacionales e internacionales, como una amenaza contra la libertad de expresión, un intento de censura previa y, sobre todo, como una muestra de intolerancia de AMLO frente a quienes no concuerdan con sus ideas.[12] Paradójicamente, las conferencias de prensa desperdician el tiempo que se podría usar para informar oportunamente de las acciones exitosas de gobierno y se utiliza, en cambio, para desacreditar a los medios de comunicación que publican información que el propio gobierno omite u oculta deliberadamente, o que presenta de manera confusa, tardía y sin sustento, incluyendo lo que afirma el presidente cada mañana.

La segunda reacción de López Obrador respecto del resultado de las elecciones intermedias fue enfocarse en la sucesión de su presidencia en 2024, es decir, ver de inmediato hacia el futuro. Por un lado, evadió hablar de la organización y minimizó el resultado de la consulta ciudadana que planteaba una pregunta sobre el supuesto juicio a expresidentes, que la Suprema Corte de Justicia de la Nación (SCJN) modificó para que se preguntara sobre la creación de una comisión de la verdad para abrir juicio a cualquier funcionario que hubiera cometido abusos en el pasado. Dicho evento tuvo una participación de menos de 8% del padrón, lo que volvía irrelevante la consulta en términos legales, a pesar de que según el resultado una abrumadora mayoría apoyó el sí a la creación de la comisión y representaba una oportunidad para el presidente AMLO de seguir criticando a los expresidentes e incluso perseguirlos judicialmente. El presidente había mencionado 143 veces en las conferencias de prensa el juicio a expresidentes previo a la modificación de la pregunta por parte de la SCJN, lo mencionó 248 veces previo al día de la consulta ciudadana.

La decisión de López Obrador de ignorar que la consulta para enjuiciar a expresidentes no alcanzara el umbral necesario de participación para ser vinculante, independientemente de que el porcentaje a favor de la consulta fue abrumador (provocado por un sesgo de autoselección[13]), estaba encaminada a preparar el terreno para la revocación de mandato, aprobada el 7 de septiembre de 2021, y que sumaría a México a los otros únicos tres países que cuentan con ese mecanismo de democracia participativa: Bolivia, Ecuador y Venezuela.[14] Con la revocación de mandato, el presidente busca que los procesos electorales, nacionales y locales, se traten de la evaluación de su desempeño, lo que le permite presentarse ante la opinión pública en un formato de campaña permanente, priorizando las promesas y generando expectativas en vez de demostrar resultados o logros. En las conferencias de prensa ha mencionado 231 veces "revocación", mientas que ha mencionado 149 veces "reelección".

Al hablar de la revocación de mandato busca también relacionarla con la sucesión presidencial de 2024. Mencionar frecuentemente el origen y la evolución del movimiento que lo llevó a ganar la presidencia en 2018 tiene como objetivo asociar a quien postule su partido como la continuidad del proyecto y, sobre todo, quien será responsable de cumplir las promesas que ha mencionado durante toda su administración. En otros países que permiten la reelección consecutiva de presidentes, la revocación de mandato es la campaña por la permanencia en el poder; en el caso mexicano es la oportunidad para que el presidente asocie su campaña con la de quien lo suceda, incluso previo al inicio oficial de las campañas. Así, él ha orientado sus mensajes poselección a las posibles candidaturas que su partido postularía para las elecciones presidenciales de 2024: Claudia

Sheinbaum, jefa de Gobierno de la Ciudad de México; Marcelo Ebrard, secretario de Relaciones Exteriores, y Ricardo Monreal, senador por Morena y presidente de la Junta de Coordinación Política del Senado.

La sucesión presidencial de 2024 adelantó sus tiempos debido a la estrategia del presidente. La decisión de dar a conocer quiénes son los favoritos, sin embargo, no está respaldada por una competencia equilibrada: las asistencias y participaciones a las conferencias de cada uno de los tres posibles sucesores de López Obrador es despareja. En la primera mitad de la administración de AMLO, Claudia Sheinbaum ha asistido 27 veces (una vez fuera de la Ciudad de México) y ha participado 22 veces (ningún mandatario estatal ha asistido y participado tantas veces como la jefa de Gobierno de la Ciudad de México); Marcelo Ebrard ha asistido 139 veces y ha participado 132 veces (ningún otro secretario de Estado, fuera del gabinete de seguridad, ha asistido y participado tantas veces como el secretario de Relaciones Exteriores), y Ricardo Monreal sólo ha asistido y participado una vez. La visibilidad de los personajes a los que el presidente considera como sus posibles sucesores es diferente y, de alguna forma, impulsada desde las conferencias de prensa diarias, que es la herramienta de comunicación preferida del gobierno.

El resultado de las elecciones intermedias también modificó el enfoque del mandatario respecto de las autoridades electorales, tanto el Instituto Nacional Electoral (INE) como el TEPJF. Mientras que los resultados de la jornada electoral no presentaron irregularidades en la instalación de las casillas, y los reportes de los conteos rápidos y preliminares de los votos fueron similares a los validados en los conteos distritales días después, el INE no fue motivo de los ataques que el presidente había pronunciado días antes de la elección. Al contrario, felicitó al INE, a raíz de una pregunta, por la organización de las elecciones. Por otro lado, dado que Morena, el partido de López Obrador, ganó en la mayoría de las gubernaturas y las alcaldías, así como mantuvo la mayoría relativa en la Cámara de Diputados, en principio el número proyectado de inconformidades que Morena presentaría ante el TEPJF sería reducido, y tendrían que esperar las diversas resoluciones caso por caso. Aun así, el número de menciones del presidente sobre INE y el TEPJF en las conferencias cambió radicalmente: en los tres meses previos a la elección mencionó 85 veces al INE y 56 veces al TEPJF; en los cuatro meses posteriores a la elección los mencionó 58 veces.

El periodo poselectoral presentó una relajación en las menciones sobre el tema de la pandemia por covid-19 desde las conferencias de prensa, paralelamente a la desaceleración del ritmo diario de vacunación. En primera instancia, tres días después de la elección se suspendieron las conferencias vespertinas dedicadas al avance de la pandemia, y en las que participaba con frecuencia el subsecretario de Salud, Hugo López-Gatell. La sobreexposición generada por la aparición diaria del funcionario, incluso los fines de semana, además de la presentación confusa y desordenada de datos oficiales, originó críticas de las y los representantes de los medios de comunicación. Por otra parte, la falta de empatía y la arrogancia en las respuestas de López-Gatell

ocasionaron debates que, en diversas ocasiones, fueron llevados ante el presidente en las conferencias matutinas, en especial los martes, cuando se exponía el estado de la pandemia, de
la vacunación y de las estrategias que se tenían frente a las diversas variantes del virus, descubiertas posteriormente. Así, el
subsecretario Hugo López-Gatell, quien asistió a las conferencias del presidente 28 veces durante la primera mitad de 2021,
antes de la elección intermedia, durante los seis meses posteriores a la elección sólo asistió 25 veces, a pesar de que amagó
con regresar a informar nuevamente por las noches, "como
ningún otro país lo hizo" durante la pandemia por covid-19.

El cierre del tercer año del gobierno coincidió con la idea
de reanudar las giras y las conferencias en los estados, a pesar de
que durante la segunda mitad de 2021 se presentó la tercera
ola de rebrote por covid-19, y a pesar de que se presentaron
nuevas variantes del virus a nivel mundial. México mantuvo los
primeros lugares en el mundo en el número de personas conta-
giadas, en la suma de personas fallecidas por covid-19 y la can-
tidad de muertes en exceso, que muy probablemente pudieron
ser ocasionadas por dicha enfermedad.[15] El manejo de la pandemia por parte del gobierno buscó minimizar en todo momento
el impacto que se experimentó previamente en otros países, y
las medidas tomadas para prevenir y controlar los contagios
no fueron suficientes. La oportunidad que otras y otros líderes del mundo supieron aprovechar al enfrentar las crisis deri-
vadas por la pandemia, y asumir la responsabilidad, aunque no
fuera su culpa, mostró liderazgo y consolidó su apoyo gracias a

medidas que mitigaron los daños de salud y económicos. A pesar de que sobraron ejemplos, las autoridades del gobierno del presidente López Obrador insistieron en tratar lo más normal posible tanto a la pandemia por covid-19 como sus efectos. El presidente mencionó 45 veces "ya salimos/vamos saliendo de la pandemia", además de que presentó como "misión cumplida", el 29 de octubre de 2021, la vacunación a "todos" los mayores de 18 años, "al menos con una dosis", cuando de acuerdo con cifras oficiales ese día estaba vacunado sólo 83%. Más complicado aún, mientras que afirmó que había dinero para garantizar vacunas a todos los mexicanos, la velocidad con la que fueron llegando los lotes de diversas farmacéuticas complicaba la aplicación de las dosis en los tiempos recomendados por la Organización Mundial de la Salud (OMS). Más aún, algunas de las vacunas que el gobierno compró no estaban todavía validadas por la OMS, incluyendo la Cansino, de fabricación china y que fue utilizada para vacunar a todos los maestros, tanto de escuelas públicas como privadas en todos los niveles, para acelerar el regreso a clases, pues sólo se decía que se necesitaba una sola dosis, y la vacuna Sputnik, de fabricación rusa, y que fue aplicada en diversas partes del país. Es decir, la OMS validó sólo las vacunas fabricadas por las farmacéuticas AstraZeneca, Johnson & Johnson (Janssen), Moderna, Pfizer y Sinovac, por lo que el acceso a Europa y a Estados Unidos se restringió a quienes no estuvieran vacunados con cualquiera de ellas. Muy lejos de la afirmación del presidente de que no se escatimarían recursos para la vacunación de la población para enfrentar el covid-19, su gobierno tuvo que recurrir a obsequios de diversos lotes millonarios de vacunas, principalmente de Estados Unidos (que mantuvo su frontera terrestre cerrada desde el 21 de marzo de 2020, y sus fronteras aérea y terrestre desde el 8 de noviembre de 2021 a quienes no contaran con las vacunas autorizadas por la OMS), así como de la India, Canadá y Rusia.

Pero a pesar de que la misión de la vacunación a la población aún no se ha cumplido, y en medio de nuevos rebrotes y de mutaciones del virus, la normalidad llegó para quedarse en el gobierno del presidente López Obrador. El número de conferencias de prensa que llevó a cabo en la segunda mitad de 2021, después de las elecciones, fuera de la Ciudad de México se incrementó notablemente: mientras que en 2018-2019 se llevaron a cabo 14 fuera del Palacio Nacional, durante la primera mitad de 2020 realizaron 16 en los estados, y 17 en la segunda mitad de 2020; pero en 2021, la primera mitad del año, previo a las elecciones, sólo se llevaron a cabo cuatro fuera del Palacio Nacional, y en los meses posteriores a la elección se efectuaron 22 en los estados. El presidente arrancó su cuarto año de gobierno con un mitin en el Zócalo al que acudieron personas de diversas partes de la República Mexicana para escuchar su informe trimestral de gobierno, a pesar de las medidas de sana distancia y el uso del cubrebocas, que AMLO despreció, incluso para los asistentes al evento. Lo importante para él era demostrar que podía llenar el Zócalo, utilizando cualquier método, sin importarle el riesgo de contagio de quienes asistieran, pues aún vacunados podían contagiarse, contrario a lo que el propio presidente expresó en la conferencia del 5 de abril de 2021, en la que afirmó que, por haberse infectado previamente, ya no podía contagiar a nadie.

La urgencia de López Obrador por retomar la normalidad y declarar superada la pandemia lo distrajo de acciones relacionadas con diversas responsabilidades del gobierno. Apostó la evaluación de su administración al éxito de la vacunación contra el covid-19, enfocando el debate en la opinión pública al minimizar las implicaciones de la pandemia y afirmar, en las conferencias de prensa, que pronto estarían todos los adultos mayores vacunados, lo que disminuiría los riesgos de contagio y muerte. Sin avances que presumir en otras áreas de su gobierno, decidió hacer campaña cada mañana, desde el Palacio Nacional, junto al escudo y la bandera nacionales, utilizando recursos públicos, para ser el vocero de su gobierno frente las noticias publicadas por los medios de comunicación que daban cuenta del lento o nulo avance en la recuperación económica o en la violenta y constante inseguridad, los dos problemas que, junto con la pandemia por covid-19, resaltaban en las encuestas como los más relevantes para la ciudadanía.[16]

Previo a las elecciones intermedias de 2021, desde las conferencias de prensa diarias el presidente López Obrador privilegió demeritar el trabajo de los medios de comunicación y atacar a quienes denomina "adversarios", reales o imaginarios, que demostraran evidencia que afectara la imagen del desempeño del gobierno, y que pusiera en riesgo la mayoría en la Cámara de Diputados que permitió al partido político Morena y a sus aliados aprobar diversas iniciativas del Ejecutivo, y negociar con la oposición. Al mismo tiempo que el presidente ataca a los opositores, paga un alto costo de oportunidad de dar a conocer los logros y avances de lo que denomina la "Cuarta Transformación" (a la altura de la Independencia de México, la Reforma y la Revolución). Es decir, en vez de utilizar ese ejercicio como la herramienta de comunicación más poderosa para informar, para manejar las crisis oportunamente, para presumir la transparencia de las decisiones gubernamentales, y para ejercer la rendición de cuentas, ha decidido utilizar el espacio y el tiempo de las conferencias de prensa para intentar adoctrinar, para hacer propaganda, para prometer, para generar expectativas, para hacer afirmaciones falsas, engañosas o que no se pueden probar, y para girar instrucciones a los integrantes del gabinete. Si realmente hubiera información sobre una transformación, no habría necesidad de usar el tiempo de las conferencias para atacar o para demeritar a los adversarios. Si realmente hubiera información sobre una transformación, se necesitaría más que dos horas diarias para dar cuenta de ello.

Una paradoja aún mayor es que los mensajes que se emiten en las conferencias de prensa no son escuchados directamente por todos sus simpatizantes. Sin evidencia de por medio, el presidente y las y los funcionarios de su gobierno afirman que, cada día, ven la conferencia millones de personas. Al momento no existen los números que demuestren que, de lunes a viernes a las siete de la mañana, las personas utilicen el momento más ocupado de su día, por alrededor de dos horas, para ver o escuchar las conferencias de prensa. Más aún, no existen los números que demuestren que, en redes sociales, las y los usuarios de telefonía móvil (de los cuales cuatro de cada cinco en México se encuentran en planes prepago de uso de datos)[17] usen dos horas de datos diariamente para ver las conferencias.

Al contrario, el análisis que ha realizado SPIN sobre la audiencia de las conferencias de prensa demuestra que, entre los seguidores del presidente en su cuenta en Facebook, únicamente 6% en promedio ve las conferencias, a pesar de que sólo se necesitan tres segundos para que un video sea marcado como "visto" en la línea de tiempo de los usuarios. La gran mayoría de las y los simpatizantes de López Obrador no dan seguimiento diario a lo mencionado desde el Palacio Nacional. Son los adversarios, los medios de comunicación y los enemigos, reales e imaginarios, así como la burocracia gubernamental, a quienes van dirigidos los mensajes, las descalificaciones, las afirmaciones no verdaderas, los ataques y las instrucciones de gobierno. Las conferencias de prensa no persiguen el objetivo que tienen normalmente éstas: informar, manejar crisis o controlar la agenda, y no son un mecanismo de transparencia o de rendición de cuentas. Las conferencias de prensa del presidente López Obrador son un mecanismo de propaganda.

Notas

[1] Véase la Numeralia de Procesos Electorales 2020-2021 del Repositorio documental del INE Instituto Nacional Electoral (2021a).

²   En México, desde la elección intermedia de 1991, a la mitad de la administración de Carlos Salinas de Gortari, el partido en el gobierno pierde votos respecto de los obtenidos en la elección presidencial, sin que por ello pierda curules en el Congreso, como sucedió en la elección intermedia de 2015, a la mitad de la administración de Enrique Peña Nieto. Véase Tufte (1975).

³   Véase Cómputos 2021 INE Instituto Nacional Electoral (2021b).

⁴   En las encuestas preelectorales, que históricamente no han sido acertadas, especialmente en elecciones competidas, se mostraba que la alianza PAN-PRI-PRD tenía ventaja de dos dígitos en Baja California Sur, Colima, Nayarit, Sinaloa y Sonora. El día de la elección Morena terminó ganando en todos estos estados, sumándose Guerrero y Michoacán, en donde el Tribunal Electoral del Poder Judicial de la Federación determinó que ese partido debía cambiar de candidato al violar las reglas de las precampañas. La diferencia de más de dos dígitos en los triunfos de Morena en esos estados (después de ir perdiendo en las encuestas por más de 10 puntos), y el triunfo de la alianza opositora en las capitales de los mismos estados, mostrando un claro pero inusual voto dividido por parte de las y los electores, ha generado la hipótesis del involucramiento del crimen organizado, misma que fue expuesta en la Organización de los Estados Americanos (OEA) por miembros de la oposición política mexicana. Véase Partido Acción Nacional (2021).

⁵   A pesar de que hay quienes reiteran que López Obrador no estuvo en la boleta de las elecciones intermedias en 2021, ese proceso fue una especie de referéndum a la administración en curso. El presidente llegó con un incremento marginal en su aprobación en comparación con los niveles de votación obtenidos tres años atrás, sólo por encima de Enrique Peña Nieto (véase Consulta-Mitofsky, 2020). En principio, AMLO propuso que cada

dos años la ciudadanía tuviera la posibilidad de revocar su mandato, de la misma forma que lo propuso el presidente Hugo Chávez en Venezuela; posteriormente lo extendió a una elección al tercer año, y buscaba que fuera el mismo día de las elecciones intermedias, lo cual fue rechazado por la oposición. A fin de cuentas, la elección de la revocación de mandato se llevará a cabo el 21 de marzo de 2022, mismo día del natalicio de Benito Juárez y de la inauguración proyectada del Aeropuerto Internacional Felipe Ángeles en la Base Aérea Militar de Santa Lucía.

[6] Versión estenográfica de la conferencia de prensa matutina del presidente Andrés Manuel López Obrador del 7 de junio de 2021: "El partido que nosotros fundamos gobernaba un estado de los 15 y no sólo gana ese estado otra vez, sino gana muchos otros; entonces, se avanzó. En el caso de la ciudad hay que trabajar más. Y también tener en cuenta que aquí hay más bombardeo de medios de información, aquí es donde se resiente más la guerra sucia, aquí es donde se puede leer la revista esta del Reino Unido, *The Economist*, o sea, aquí está todo. Y ustedes yo siempre les he dicho, aquí hemos hablado de que ponen el radio y es en contra, en contra, en contra. Le cambian de estación y es lo mismo, le cambian [...] Entonces sí aturde y sí confunde, es propaganda día y noche en contra. Porque los llamados diarios nacionales o la radio nacional o la televisora nacional no es estrictamente nacional, la mayor parte de los medios tiene una influencia aquí más que en ninguna otra parte".

[7] Véase Conaghan y De la Torre (2008).

[8] De acuerdo con un análisis del gasto definitivo en publicidad oficial para 2020 realizado por la organización Artículo 19, de los 457 medios de comunicación que recibieron recursos por publicidad oficial, 10 de ellos concentraron más de 52%

de los recursos: los primeros tres lugares fueron ocupados por Televisa, TV Azteca y *La Jornada* (con un total de 28.6%). Artículo 19 (2021a).

9   Temas del "Quién es Quién" en las conferencias: nómina, pagos por servicios de publicidad, justicia, consumo de drogas, seguridad, trato a los trabajadores, lavado de dinero, salud, precios del Aeropuerto Internacional de la Ciudad de México, cumplimiento de las medidas sanitarias, mentiras, precios de los combustibles (gasolina/gas LP), remesas, canasta básica, operativo para el "Buen Fin", materiales de construcción, oxígeno medicinal, construcción y enseres (operativo ante desastres naturales), seguros médicos y servicios médicos privados.

10 En la conferencia de prensa del 25 de septiembre de 2019 el presidente AMLO afirmó: "Necesitamos para eso también una campaña, ya le he pedido a Jesús que nos ayude. Yo trabajé un tiempo en el Instituto Nacional del Consumidor hace relativamente poco, en 1983 hasta el 80 y… del 83, 84, hasta el 88, principios del 88, 1988, y ése era un instituto que ahora es la Procuraduría del Consumidor, pero existían antes los dos, el instituto y la procuraduría. Entonces, a mí me tocaba lo del "Quién es Quién en los Precios", era yo director de Promoción y Organización en el IMCO, 5 68 87 22. Me tocaba esa área, lo de los teléfonos, se hablaba ahí para saber cómo estaban los precios de electrodomésticos, y el Instituto del Consumidor tenía una dirección de investigación sobre la calidad de los alimentos y de todos los artículos que se consumían".

11 La "falacia de evidencia incompleta" (*cherry-picking*) es un sesgo que consiste en escoger únicamente casos a la medida, dejando de lado cualquier otro que ponga en riesgo la validez del argumento. Véase Saleh (2009).

12 Véase Artículo 19 (2021b).

[13] El sesgo de autoselección se presenta cuando la decisión de participar está en relación con uno de los resultados objetivo del estudio, es decir, las o los participantes eligen el tipo de tratamiento al que se someterán, y no son escogidos al azar. En otras palabras, el resultado del estudio se presenta de acuerdo con las características preexistentes de los participantes, no en relación con las condiciones del estudio. En este caso, quienes participaron en la consulta buscaron enjuiciar a expresidentes, por lo que el porcentaje del sí superó 85 puntos. Véase https://dictionary.apa.org/self-selection-bias.

[14] Véase Eberhardt (2016).

[15] De acuerdo con la Organización Mundial de la Salud, México ocupó el lugar 16 en total de casos acumulados de covid-19 y el quinto en el número acumulado de muertes a diciembre de 2021, de acuerdo con el Panel de control de coronavirus (covid-19) de la OMS Organización Mundial de la Salud (2020b).

[16] Véase Consulta Mitofsky (2011).

[17] De acuerdo con el "Informe Estadístico Trimestral del 2do Trimestre de 2020". Instituto Federal de Telecomunicaciones (2021).

CONCLUSIÓN

El *priming* de AMLO

El modelo de comunicación política del presidente López Obrador no es nuevo, sino más bien audaz y arriesgado, lo que en un mal día lo puede convertir en improvisado, imprudente y contraproducente a los objetivos de difusión de las obras y acciones de su gobierno. Que ningún jefe de Estado o de gobierno llevara a cabo conferencias de prensa diarias previamente, y que ninguno las convoque en la actualidad, no significa que las que cada mañana se realizan en el Palacio Nacional sean un innovador acto de información. Es decir, en un entorno de acelerado y constante cambio tecnológico, tanto en formato como en contenido, la dinámica de las conferencias está diseñada para evitar los riesgos de enfrentar los cuestionamientos de las y los representantes de los medios de comunicación, así como para ampliar el margen de exposición de propaganda, dejando de lado la información, la transparencia y la rendición de cuentas. Tal como se llevan a cabo las conferencias de prensa de López Obrador las podría hacer cualquier persona, cuando quisiera, bajo cualquier pretexto, minimizando todos los riesgos.

Las conferencias de prensa actuales no son un ejercicio de información porque las fechas y cifras que ahí se exponen son diferentes de la realidad, incluso a veces de las propias cifras oficiales acreditadas por el gobierno; no son un ejemplo de transparencia porque las afirmaciones no tienen sustento ni documentación que las respalden; y no son el terreno para la rendición de cuentas porque las funcionarias y los funcionarios de gobierno, incluyendo al propio presidente, evitan tomar responsabilidad de sus decisiones y sus actos administrativos. En cambio, son un espacio para la propaganda, donde se destacan anécdotas personales, que solamente el presidente conoce y puede verificar; donde reinterpreta anécdotas históricas a favor de sus argumentos, y expone cifras sin verificar, quizá a propósito, para contradecir las noticias publicadas por los medios de comunicación a los que, paradójicamente, convoca a las conferencias de prensa y pide su ayuda para difundirlas, pero los desacredita e incluye en su lista de enemigos, reales e imaginarios.

Las conferencias del presidente no han resuelto las crisis que se le han presentado, no sólo porque no otorgan información clara y oportuna, sino porque han sido incapaces de mostrar empatía con las víctimas y sus familiares. La ansiedad, generada por la confusión entre la culpa y la responsabilidad, conduce a López Obrador a evadir las tragedias, y ha puesto en evidencia la improvisación de sus comentarios que, al generar nuevas crisis que no se resuelven, distraen de los objetivos de comunicación originalmente planteados. Más aún, el vacío de información, provocado por la expectativa de datos oficiales por parte de las autoridades hasta que se lleve a cabo la siguiente conferencia de prensa, ha amplificado, innecesariamente, la especulación, lo que a su vez ha contaminado el mensaje de respuesta y ha complicado aún más el manejo de la crisis. Al mandatario no le gusta que las conferencias sirvan para otra cosa que para hacer propaganda.

De la misma forma que otros presidentes populistas han preferido una herramienta de comunicación para entablar, afirman, un diálogo directo con el pueblo, López Obrador ha escogido las conferencias de prensa para intentar establecer el "diálogo circular" con los medios de comunicación y, a través de ellos, comunicarse directamente con el pueblo que está atento a todo lo que se dice ahí. Al igual que lo han hecho otros presidentes a través de sus herramientas de comunicación preferidas, las conferencias de López Obrador son la tribuna desde donde se gobierna; en donde el mandatario se entera cotidianamente de la magnitud de los problemas del país; donde reflexiona en voz alta sobre lo que debiera o no hacerse, incluso desde el plano subjetivo y no a través de sus facultades legales, y desde donde delega responsabilidades y gira instrucciones, enfrente de todos, a las y los funcionarios de su gobierno.[1]

La afirmación de que millones de personas ven las conferencias de prensa está muy lejos de ser cierta: sin *ratings* ni *share* que demuestren el impacto en las audiencias, tal parecería que son los actores políticos opuestos al presidente los únicos que están atentos a la información que se genera ahí cada mañana. El bajo impacto de las conferencias se debe, en parte, a que se llevan a cabo a las siete de la mañana, el momento más ocupado del día, y a que quienes las podrían ver después no gastan sus datos de internet viendo o escuchando un evento político repetitivo, con un formato monótono y aburrido, en el que López Obrador presenta cifras y afirmaciones falsas o no comprobables, y repite chistes y anécdotas por más de dos horas al día. Al no tener elementos que les generen validez ni credibilidad, ese ejercicio de AMLO es el principal obstáculo para difundir logros de gobierno, no su mejor herramienta.

A falta de resultados de gobierno que, de acuerdo con la expectativa de la denominada "Cuarta Transformación", deberían difundirse en los espacios de información públicos, todo el día sin parar, las conferencias diarias han sido un vehículo para atacar a los adversarios, reales e imaginarios. La convocatoria a los medios de comunicación en las conferencias de prensa no es para dar a conocer nueva información o para manejar crisis, sino para que difundan las ideas dogmáticas de un plan que busca revertir los avances económicos, democráticos y sociales de México en los últimos 36 años. El presidente ha afirmado 45 veces que "nada ha dañado más a México que la corrupción o la deshonestidad de sus gobernantes", aludiendo a lo que denomina como el "antiguo régimen" o el "régimen anterior", es decir, la época del neoliberalismo en el país. En tanto, insiste constantemente que con la Cuarta Transformación se está acabando con el "antiguo régimen" o el "régimen anterior", pues, según él, se está creando "algo nuevo".

En principio, lo que plantea López Obrador en las conferencias de prensa como una recuperación de la grandeza de México y de la corrección de todos los males, en realidad ha implicado el desmontaje institucional que se diseñó y reforzó durante la transición democrática de inicios del siglo XX, y la cual, a pesar de ser uno de sus actores y principales beneficiarios, él se niega a mantener. Por el contrario, en cada una de las decisiones de gobierno anticipa, y en algunos casos revela indiscretamente en las conferencias, la intención de diluir los contrapesos al Poder Ejecutivo, siempre con el argumento de que la administración pública heredada de los gobiernos anteriores es costosa, ineficiente y corrupta. El presidente busca eliminar los organismos autónomos, desacreditándolos a través de afirmaciones falsas o engañosas, acusaciones sin pruebas y sin denuncias ante las autoridades correspondientes.

Después de que López Obrador redujera su salario a la mitad como muestra de su política de austeridad, ha amagado con reducirles su sueldo por igual a ministros y magistrados del Poder Judicial que a comisionados integrantes de los organismos autónomos, ya que ganan más dinero que él a pesar, afirma, de que trabajan igual o menos tiempo.[2] En las conferencias de prensa, el presidente ha instigado a las y los funcionarios de los organismos autónomos para buscar que renuncien y, con ello, nombrar a las y los sustitutos cercanos a su proyecto político, en una clara estrategia de colonización.[3] Con rendimientos decrecientes, pues la palabra de AMLO en las conferencias no se sustenta con evidencia, las amenazas a los organismos autónomos han perdido credibilidad, por lo que, a pesar de las críticas sin evidencia y denuncias sin fundamento, las y los funcionarios se han mantenido en sus puestos, a pesar de que el mandatario ha intensificado el conflicto. Tal parecería que la eliminación de los organismos autónomos busca más la concentración de poder de parte del presidente que los recursos financieros necesarios para mantener sus programas sociales.

La mayoría en el Congreso, que obtuvo el partido de López Obrador en las elecciones de 2018, ha respaldado las decisiones presupuestarias y de política pública que le han permitido controlar a las y los diversos actores políticos, en especial a los integrantes de los demás poderes, y de los organismos autónomos. El discurso del presidente sobre la austeridad, mencionada como "austeridad republicana" 155 veces en las conferencias de prensa, le ha servido para modificar la conformación de los institutos autónomos, a través de acusaciones por igual a las y los ministros, magistrados, comisionados o consejeros. Sus amenazas en dichas conferencias, no obstante, han perdido credibilidad. Así, reconoce el manejo del presupuesto para amagar a los organismos autónomos, que erosiona contrapesos democráticos, y que sólo es viable si su partido político cuenta con mayoría en la Cámara de Diputados.

Al inicio de su administración, planteó 100 compromisos que, afirmó, estarían cubiertos al finalizar el segundo año, antes de las elecciones intermedias. Durante las conferencias previas al informe trimestral de gobierno del 1º de diciembre de 2020 (que coincidió con el segundo aniversario de su toma de posesión),[4] afirmó que las bases de la denominada "Cuarta Transformación" estaban puestas, ya que 97 de los 100 compromisos estaban cumplidos, quedando pendientes aquellos que la pandemia no permitió que se alcanzaran con éxito. Entre los compromisos de gobierno que López Obrador presumió como cumplidos se encuentran el que estipula que ya hay un auténtico Estado de derecho (compromiso 55); el que afirma que ya se acabó la impunidad (56); el que dice que ya se eliminó el nepotismo, el amiguismo y el influyentismo (34), y el que menciona que nunca daría la orden de masacrar al pueblo (87). Destacan como compromisos "cumplidos" la creación de las sucursales del Banco de Bienestar (30) y la cobertura universal de internet (77), ninguno de los cuales ha entrado en operación, así como el que los automóviles de las y los funcionarios no se pasarán el alto de los semáforos (compromiso 42).[5] Los compromisos cumplidos como la evidencia de los fundamentos de la denominada "Cuarta Transformación" son una mera herramienta retórica que se repite en las conferencias de prensa.

Los 100 compromisos son una lista de mensajes de campaña que AMLO ha mantenido vigentes durante los primeros tres años de su gobierno, pero que en algunos casos no puede probar su cumplimiento, y en otros reporta contradicciones en sus avances. Quizá el costo para el presidente de estar al pendiente de los compromisos en cada uno de sus informes, así como en varias conferencias matutinas, es que delimita el alcance de su gobierno y pierde la oportunidad de tomar el liderazgo frente a las crisis que enfrenta México.

Las palabras de una jefa o jefe de Estado o de gobierno, en cualquier lugar o momento, trascienden. Las declaraciones de los responsables de dirigir los destinos de cualquier país definen y orientan, por lo que impactan de inmediato el comportamiento de las y los diversos actores, nacionales e internacionales. Las y los presidentes toman en serio lo que dicen públicamente, ya que reflejan las intenciones, decisiones, proyectos, humores y hasta las consecuencias de sus afirmaciones. El discurso presidencial es la esencia de la comunicación del gobierno. No obstante, algunos mandatarios han decidido sobreutilizar la comunicación para generar y mantener expectativas sobre un futuro que algún día se podría alcanzar, más aún si el presente ofrece crisis, errores o negligencias, inherentes a la responsabilidad de gobernar y que, de no ser atendidas a tiempo, se convierten en lastres que disminuyen el margen de maniobra necesario para tomar decisiones posteriores, es decir, oportunidades perdidas para modificar posicionamientos de manera favorable.

En México AMLO ha distorsionado las conferencias de prensa (la herramienta de comunicación más poderosa para informar con oportunidad y para atender crisis), en un espacio de política "en vivo", en el que no sólo cuenta anécdotas y chistes, historias que no se pueden corroborar, y ataca a enemigos, reales e imaginarios, sino que oculta información al no corroborar lo que afirma, al tener "sus propios datos", y al prometer, sin plazo legal, soluciones a problemas vigentes. Más aún, escoge los temas de la discusión pública sobre los que quiere y no quiere hablar. Cabe la posibilidad de que el *priming* del presidente se confunda con establecer la agenda de la discusión pública, ya que si habla de un tema y no de otros, la opinión pública los asociará con el desempeño del presidente y los usará para evaluarlo, mientras que si los temas de los que habla son noticiosos por sí mismos, entonces serían retomados por todos los medios de comunicación electrónicos e impresos simultáneamente, y reforzarían el *priming*, lo que sólo ha sucedido en menos de 6% de las primeras planas de los siete periódicos más importantes en México durante la primera mitad de la administración. En las conferencias de López Obrador quizá importa más de lo que no se habla que lo que repite cada mañana.

Es evidente que las conferencias de prensa del presidente le son útiles y continuará llevándolas a cabo hasta el final de su mandato. Cada mañana, de lunes a viernes y algunos fines de semana, desde el Palacio Nacional, y en ocasiones desde los estados, reitera su estrategia de adoctrinamiento, en la que se privilegia la propaganda sobre la información, y donde decide qué contar y cómo, a pesar de que, al carecer del respaldo que lo sustente, la información no tenga el impacto noticioso que espera. Las conferencias de AMLO son el espacio diario que le dedica a su gobierno, en especial cuando no hay otra actividad pública relevante en su agenda.

El impacto que tienen las conferencias en la población en general es reducido. Las encuestas publicadas sobre ese ejercicio tienden a sobreestimar el conocimiento, la audiencia y, por tanto, la opinión de las y los entrevistados,[6] ya que reportan

211

niveles de cerca de 60% de conocimiento y de acuerdo con que se lleven a cabo, lo cual demuestra un sesgo aspiracional de los entrevistados al opinar sin conocer del tema, mintiendo o inventando para evitar el rechazo social si no se contesta como se debería, tal como cuando se les pregunta si consumen drogas o pagan impuestos.[7] El análisis del número de vistas de los videos de las conferencias del presidente entre sus seguidores en Facebook muestra el nivel más bajo, con un promedio diario de menos de 7%. AMLO sabe que las conferencias no son para comunicarse directamente con el pueblo, sino para mediar la información a través de los medios de comunicación y generar debate, lo que ocasiona que se hable de él lo más posible. No obstante, al improvisar durante las conferencias de prensa, al evadir responder las preguntas y al no sustentar lo que afirma, pierde la oportunidad de hacer noticioso el contenido de dichas conferencias, y sin información novedosa se vuelven repetitivas, lo que refuerza la falta de interés de las audiencias y la imposibilidad de que se publique lo que ahí se anuncia.

Las conferencias se han convertido en el espacio de la charla política del presidente López Obrador, la hora de "la grilla", en la que opina sobre todo lo que se le cuestione, sin que sustente lo que afirma, ni que sus comentarios tengan impacto en el ejercicio de gobierno. Más bien son el espacio que ha escogido para intentar imponer sus ideas, sus opiniones y canjear logros de gobierno por promesas de campaña, como lo hicieron en su momento Rafael Correa en Ecuador, Hugo Chávez y Nicolás Maduro en Venezuela o Donald Trump en Estados Unidos. Las conferencias de prensa del presidente López Obrador son un espacio para la propaganda.

Al día de hoy no existen registros de algún jefe de Estado o de gobierno, presidente o primer ministro que haya realizado conferencias de prensa diarias, excepto AMLO. Después de que comenzaron las conferencias no existen registros de que algún otro mandatario haya seguido su ejemplo. Éstas son una herramienta de comunicación que requiere preparación, información, oportunidad y novedad, todas ellas ausentes de las conferencias del presidente. Quizá porque son un ejercicio de propaganda, más que de información, transparencia y rendición de cuentas, seguirán llevándose a cabo, cada mañana, desde el Palacio Nacional.

Notas

[1] Para informarse y dar órdenes de gobierno, las conferencias de prensa son al presidente López Obrador lo que el programa *Fox and Friends*, de Fox News, fue para el presidente Donald Trump. Véase Stelter (2020).

[2] De acuerdo con la Suprema Corte de Justicia de la Nación, los funcionarios pueden ganar más que el presidente, pues su decreto no es retroactivo. Véase *La Jornada* (2021).

[3] La sustitución paulatina de las y los funcionarios designados en administraciones anteriores en los organismos autónomos es una estrategia para acumular poder y minimizar los contrapesos al Ejecutivo. Véase Levitsky y Ziblatt (2018).

[4] El presidente López Obrador rinde informes trimestrales de gobierno, en los que recopila lo anunciado en las conferencias diarias de lunes a viernes. Los informes de gobierno han ocurrido en marzo de 2019, julio de 2019, septiembre de 2019, diciembre de 2019, abril de 2020, julio de 2020, septiembre de 2020, diciembre de 2020, marzo de 2021, julio de 2021, septiembre de 2021 y diciembre de 2021. Véase www.presidencia.gob.mx.

[5] El presidente López Obrador ha afirmado, varias veces, que no viaja con escoltas y que no cierra las calles o le dan paso preferente en las giras, a pesar de que su convoy cuenta con seguridad extra y con varios vehículos acompañándolo, lo cual es esperado para el jefe de Estado y de gobierno de México. El 7 de abril de 2021 el vehículo que transporta al presidente López Obrador en la Ciudad de México no respetó un alto en un semáforo. Véase *El Universal* (2019).

[6] De acuerdo con la encuesta nacional del periódico *El Financiero*, publicada en abril de 2021, 62% opina que las conferencias matutinas del presidente Andrés Manuel López Obrador informan mucho o algo a la ciudadanía. *El Financiero* (2021).

[7] Estrada (2020).

Bibliografía

Adler, David (2019). "Is Chapman MLB's Top Fireballer? Not Any-more", *Major League Baseball*, 22 de abril. Consultado en https://www.mlb.com/news/jordan-hicks-is-the-hardest-throwing-pit-cher-in-baseball.

Artículo 19 (2021a). "Las tendencias de la Publicidad Oficial en el se-gundo año de AMLO", Artículo 19, 16 de agosto. Consultado en https://articulo19.org/las-tendencias-de-la-publicidad-oficial-en-el-segundo-ano-de-amlo/.

Artículo 19 (2021b). "Organizaciones y colectivos de periodistas denuncian ante la CIDH la estigmatización del Estado mexicano en su contra", Artículo 19, 1.º de julio. Consultado en https://articulo19.org/periodistas-y-organizaciones-denuncian-an-te-la-cidh-la-estigmatizacion-del-estado-mexicano-en-su-contra/.

Animal Político (2019a). "Enfrentamiento entre Ejército y pre-suntos delincuentes deja 15 muertos en Guerrero; AMLO pide que dejen las armas", *Animal Político*, 15 de octubre. Consultado en https://www.animalpolitico.com/2019/10/

enfrentamiento-ejercito-presuntos-delincuentes-tepochica-gue-rrero/.

Animal Político (2019b). "Ataques contra policías en Acámbaro, Guanajuato dejan 4 civiles muertos y un oficial herido", *Animal Político*, 16 de octubre. Consultado en https://www.animalpolitico.com/2019/10/ataque-policias-acambaro-guanajuato-muertos-heridos/.

Animal Político (2020a). "Insabi da número para atender quejas que no sirve", *Animal Político*, 10 de enero. Consultado en https://www.animalpolitico.com/2020/01/insabi-quejas-llamadas-telefono-no-no-sirve/.

Animal Político (2020b). "México es el país de la OCDE que realiza menos pruebas para detectar covid-19", *Animal Político*, 28 de abril. Consultado en https://www.animalpolitico.com/2020/04/mexico-pruebas-covid-ocde/.

Animal Político (2021a). " 'Si no te corresponde, no': AMLO reitera que médicos privados deben esperar y minimiza sus protestas", *Animal Político*, 15 de abril. Consultado en https://www.animalpolitico.com/2021/04/amlo-vacuna-medicos-privados-no-les-corresponde/.

Animal Político (2021b). "Televisa, TV Azteca y *La Jornada* concentran el 66% de publicidad oficial", *Animal Político*, 12 de enero. Consultado en https://www.animalpolitico.com/2021/01/televisa-tv-azteca-jornada-concentran-publicidad-oficial/.

Ariely, Dan (2012). *The (Honest) Truth about Dishonesty* Nueva York, Harper Collins Publishers.

Bail, Christopher *et al.* (2018). "Exposure to Opposing Views on Social Media Can Increase Political Polarization", *Proceedings of the National Academy of Sciences*, vol. 115, núm. 37, 9216-9221.

Banco Mundial (2020). Crecimiento del PIB (% anual) - México. Consultado en https://datos.bancomundial.org/indicator/NY.GDP. MKTP.KD.ZG?locations=MX.

Barajas, Abel (2020). "Acusan montaje en entrega de cheque", *Reforma*, 18 de mayo. Consultado en https://www.reforma.com/aplicaciones libre/preacceso/articulo/default.aspx?__rval=1&urlredirect= https://www.reforma.com/acusan-montaje-en-entrega-de-cheque/ar1945024?referer=--7d616165662f3a3a6262623b727a7a-7279703b767a783a--.

BBC News Mundo (2019a). "Acuerdo entre los gobiernos de Trump y AMLO: quién gana con el pacto migratorio que evita la imposición de aranceles por parte de Estados Unidos", *BBC News Mundo*, 11 de junio. Consultado en https://www.bbc.com/mundo/noticias-america-latina-48589948.

BBC News Mundo (2019b). "Trump anuncia aranceles de un 5% para todas las importaciones desde México 'hasta que se resuelva el problema de la inmigración ilegal'", *BBC News Mundo*, 30 de mayo. Consultado en https://www.bbc.com/mundo/noticias-america-latina-48455073.

BBC News Mundo (2019c). "Emboscada en Aguililla, Michoacán: qué se sabe del ataque por sorpresa en el que murieron 13 policías, el más mortífero de ese tipo en los últimos años", *BBC News Mundo*, 15 de octubre. Consultado en https://www.bbc.com/mundo/noticias-america-latina-50051355.

BBC News Mundo (2020). "Coronavirus en México: por qué es uno de los países con más muertes de personal sanitario por covid-19 en todo el mundo", *BBC News Mundo*, 24 de septiembre.

Consultado en https://www.bbc.com/mundo/noticias-america-latina-54276312.

Beauregard, Luis Pablo (2021). "La agresiva cruzada mexicana para aumentar la recaudación en plena pandemia", *El País*, 24 de febrero. Consultado en https://elpais.com/mexico/2021-02-25/la-agresiva-cruzada-mexicana-para-aumentar-la-recaudacion-en-plena-pandemia.html.

Becerra, Lorena (2020). "Ven gobierno ineficaz", *Reforma*, 2 de marzo. Consultado en https://busquedas.gruporeforma.com/reforma/Libre/VisorNota.aspx?id=7310530%7CInfodexTextos&md5=9607de7cf709b9bd02d4a938de8d6b22.

Block, Elena, y Ralph Negrine (2017). "The Populist Communication Style: Toward a Critical Framework", *International Journal of Communication*, núm. 11, pp. 178-197, enero. Consultado en http://ijoc.org/index.php/ijoc/article/view/5820/1892.

Bloomberg y Cyntia Barrera (2021). "Pemex finaliza contrato con Fitch Ratings; dejará de calificar a la petrolera desde el 4 de marzo", *El Financiero*, 2 de marzo. Consultado en https://www.elfinanciero.com.mx/economia/pemex-finaliza-contrato-con-fitch-ratings-dejara-de-calificar-a-la-petrolera-desde-el-4-de-marzo/.

Cámara de Diputados, LXIV Legislatura. Centro de Estudios de las Finanzas Públicas (2020). Evolución del Gasto Público en el periodo 2006-2020. Consultado en https://www.cefp.gob.mx/publicaciones/documento/2020/cefp0522020.pdf.

Cattan, Nacha (2021). "El exceso de muertes en México es más de dos veces mayor que cifra oficial de fallecimientos por covid",

El Financiero, 28 de marzo. Consultado en https://www.elfinanciero.com.mx/salud/el-exceso-de-muertes-en-mexico-es-mas-de-dos-veces-mayor-que-cifra-oficial-de-fallecimientos-por-covid/.

Conaghan, Catherine, y Carlos de la Torre (2008). "The Permanent Campaign of Rafael Correa: Making Ecuador's Plebiscitary Presidency", *International Journal of Press-politics*, vol. 13, núm. 3, pp. 267-284, julio. Consultado en https://doi.org/10.1177/1940161208319464.

Consulta Mitofsky (2011). "¿Cuál es el principal problema del país?", Consulta Mitofsky, 21 de febrero. Consultado en http://consultamitofsky.com.mx/ArticulosRC/RC_CUAL%20ES%20EL%20PRINCIPAL%20PROBLEMA%20DEL%20PAIS.pdf.

Consulta Mitofsky (2020). "Encuesta: Las Mañaneras de AMLO", Consulta Mitofsky, 1.º de enero. Consultado en http://www.consulta.mx/index.php/encuestas-e-investigaciones/evaluacion-de-gobierno/item/1257-encuesta-las-mananeras-de-amlo.

Díez, Beatriz (2019). "Qué es un 'tercer país seguro' y por qué Trump quiere que el gobierno de AMLO acepte que México se convierta en uno", BBC *News Mundo*, 6 de junio. Consultado en https://www.bbc.com/mundo/noticias-america-latina-48536239.

Domínguez, Charlene (2020). "Preocupa a SHCP reacción de calificadoras por Covid", *El Norte*, 21 de octubre. Consultado en https://www.elnorte.com/libre/acceso/accesofb.htm?urlredirect=/preocupa-a-shcp-reaccion-de-calificadoras-por-covid/ar2054698.

Eberhardt, María (2016). "La revocatoria presidencial en América Latina. Ventajas y limitaciones. Los casos de Venezuela,

Bolivia y Ecuador", *Colombia Internacional*, núm. 92, pp. 105-133, 11 de agosto. Consultado en https://www.redalyc.org/journal/812/81253580005/html/.

El Economista (2019). "La economía en la era de AMLO", *El Economista*, 2 de diciembre. Consultado en https://www.eleconomista.com.mx/economia/La-economia-en-la-era-de-AMLO-20191202-0016.html.

El Financiero (2021). "Cae 12 puntos la aprobación a las 'mañaneras' de AMLO", *El Financiero*, 27 de abril. Consultado en https://www.elfinanciero.com.mx/nacional/2021/04/27/a-los-mexicanos-ya-no-les-gustan-las-mananeras-de-amlo-solo-el-37-las-respalda/.

El Universal (2019). "'Sí estaba en rojo, pero nos dieron el paso': AMLO sobre video donde se observa su Jetta pasarse el alto", *El Universal*, 19 de mayo. Consultado en https://www.eluniversal.com.mx/nacion/amlo-si-estaba-en-rojo-pero-nos-dieron-el-paso-dice-sobre-video-donde-se-observa-su-jetta.

El Universal (2020). "Qué dice la carta de renuncia de Jaime Cárdenas al Instituto para Devolver al Pueblo lo Robado", *El Universal*, 22 de septiembre. Consultado en https://www.eluniversal.com.mx/nacion/la-carta-de-renuncia-de-jaime-cardenas-al-instituto-para-devolver-al-pueblo-lo-robado.

Estrada, Luis M. (2005). "Party Identification in Mexico", tesis de doctorado, Universidad de California, San Diego.

Estrada, Luis (2018a). "Primera Encuesta de Transición 2018", SPIN-Taller de Comunicación Política, S.C., septiembre. Consultado en http://encuestadefoe-spin.com/.

Estrada, Luis (2018b). "La (des)información de las 12 conferencias de prensa del presidente López Obrador", *Nexos*, 19 de diciembre. Consultado en https://www.nexos.com.mx/?p=40546.

Estrada, Luis (2020). "Conferencias y aprobación", *Reforma*, abril. Consultado en https://www.reforma.com/conferencias-y-aproba-cion-2020-04-02/op177346.

Estrada, Luis (2020). "¿Es AMLO el más atacado en 100 años?", *El Universal*, 29 de septiembre. Consultado en https://www.eluni-versal.com.mx/opinion/luis-estrada/es-amlo-el-mas-atacado-en-100-anos.

Estrada, Luis, y Pablo Parás (2006). "Ambidiestros y confundidos: validez y contenido de la izquierda y la derecha en México", *Este País*, núm. 180, pp. 51-57, marzo.

Expansión (2020). "Los bots de AMLO 'inflan' su popularidad en las redes", *Expansión*, 2 de diciembre. Consultado en https://expan-sion.mx/tecnologia/2020/12/02/los-bots-de-amlo-inflan-su-po-pularidad-en-las-redes.

Frimer, J. A. *et al.* (2017). "Liberals and Conservatives are Similarly Motivated to Avoid Exposure to One Another's Opinions", *Journal of Experimental Social Psychology*, núm. 72, pp. 1-12.

Fundación Carlos Slim (2020). "AstraZeneca anuncia acuerdo con la Fundación Carlos Slim para suministrar la vacuna co-vid-19 a América Latina", Fundación Carlos Slim, 12 de agosto. Consultado en https://fundacioncarlosslim.org/astrazene-ca-anuncia-acuerdo-con-la-fundacion-carlos-slim-para-suminis-trar-la-vacuna-covid-19-a-america-latina/.

Gold, Hadas (2015). "The White House Press Room Seating Chart", *Politico*, 25 de marzo. Consultado en https://www.politico.com/blogs/media/2015/03/the-white-house-press-room-seating-chart-204543.

Hernández, Gerson (2012). *Comunicación política y populismo de Andrés Manuel López Obrador*, España, Editorial Académica Española.

Instituto Federal de Telecomunicaciones (2021). "Informe Estadístico Trimestral del 2do Trimestre de 2020", Instituto Federal de Telecomunicaciones, 5 de abril. Consultado en http://www.ift.org.mx/estadisticas/informe-estadistico-trimestral-del-2do-trimestre-de-2020.

Instituto Nacional de Estadística y Geografía (2019). "Encuesta Nacional sobre Disponibilidad y Uso de Tecnologías de la Información en los Hogares (ENDUTIH) 2019", Instituto Nacional de Estadística y Geografía, 2019. Consultado en https://www.inegi.org.mx/programas/dutih/2019/.

Instituto Nacional Electoral (2021a). "Numeralia de Procesos Electorales 2020-2021", Instituto Nacional Electoral, 2021. Consultado en https://repositoriodocumental.ine.mx/xmlui/bitstream/handle/123456789/118602/Numeralia-16L.pdf?sequence=3&isAllowed=y.

Instituto Nacional Electoral (2021b). "Cómputos 2021", Instituto Nacional Electoral, 2021. Consultado en https://computos2021.ine.mx/votos-distrito/mapa.

Iyengar, Shanto, y Donald R. Kinder (2010). *News that Matters: Television and American Opinion*, Chicago, IL, University of Chicago Press.

Kessler, Glenn, Salvador Rizzo y Meg Kelly (2021). "Trump's False or Misleading Claims Total 30573 over 4 Years." *The Washington Post*, 24 de enero. Consultado en https://www.washingtonpost.com/politics/2021/01/24/trumps-false-or-misleading-claims-total-30573-over-four-years/.

La Jornada (2021). "Funcionarios del INE, Banxico y Cofece podrán ganar más que AMLO", *La Jornada*, 21 de abril. Consultado en https://www.jornada.com.mx/notas/2021/04/21/politica/funcionarios-del-ine-banxico-y-cofece-podran-ganar-mas-que-amlo/.

Levitsky, Steven y Daniel Ziblatt (2018). *How Democracies Die*, New York, Crown.

López Obrador, Andrés Manuel (2017). *Oye, Trump*, México, Planeta. Consultado en https://lopezobrador.org.mx/temas/oye-trump/.

López Obrador, Andrés Manuel (2020). "Compra tu cachito. Hagamos historia", cargado el 24 de agosto. Video de YouTube. 1:00 min. Consultado en https://www.youtube.com/watch?v=I3NlQ_Fn6dM&list=PLRnlRGar-_2_Y8IQae9OXN1PVQElNquqe&index=9.

López, Zyanya (2021). "El podcast, ¿la revelación que dejó la pandemia?", *Expansión*, 24 febrero de. Consultado en https://expansion.mx/empresas/2021/02/24/el-podcast-la-revelacion-que-dejo-la-pandemia.

Loret, Carlos (2020). "Los videos de Pío López Obrador recibiendo dinero para la campaña de su hermano", *Latinus*, 20 de agosto. Consultado en https://latinus.us/2020/08/20/videos-pio-lopez-obrador-recibiendo-dinero-para-campana-de-su-hermano/.

Loret, Carlos (2021). "Latinus Originals: Loret Capítulo 33", *Latinus*, 11 de febrero. Consultado en https://latinus.us/2021/02/11/latinus-originals-loret-capitulo-33/.

Lowi, Theodore (1985). *The Personal President: Power Invested, Promise Unfulfilled*, Ítaca, N.Y., Cornell University Press.

Marcos, Luz Elena, y Cristóbal M. Riojas (2018). "El peso, la Bolsa Mexicana y los bonos del NAIM caen con fuerza", *Expansión*, 29 de octubre. Consultado en https://expansion.mx/economia/2018/10/25/la-bolsa-y-peso-mexicanos-la-consulta-sobre-el-naim.

Milenio (2019). "AMLO, 100 días de gobierno y 67 mañaneras", *Milenio*, 8 de marzo. Consultado en https://www.milenio.com/politica/amlo-100-gobierno-67-conferencias-mananeras.

Monroy, Jorge (2019). "Las tres batallas en la mañanera de AMLO", *El Economista*, 10 de marzo. Consultado en https://www.eleconomista.com.mx/politica/Las-tres-batallas-en-la-mananera-de-AMLO-20190310-0007.html.

Morales, Yolanda (2020). "Banco de México proyecta una contracción del PIB de 8.9% este año", *El Economista*, 25 de noviembre. Consultado en https://www.eleconomista.com.mx/economia/Banxico-tiene-como-escenario-central-que-el-PIB-se-contraiga-8.9-en-2020-20201125-0059.html.

Morales, Yolanda (2021). "FMI eleva su pronóstico para el PIB de México a 5% en 2021", *El Economista*, 6 de abril. Consultado en https://www.eleconomista.com.mx/economia/FMI-eleva-su-pronostico-para-el-PIB-de-Mexico-a-5-en-2021-20210406-0017.html.

Moreno, Alejandro (1999). "Ideología y voto: dimensiones de competencia política en México en los noventa", *Política y Gobierno*, núm. 6, pp. 45-81, primer trimestre.

Moreno, Alejandro (2003). *El votante mexicano*, México, Fondo de Cultura Económica.

Moreno, Alejandro (2021a). "¿Las 'mañaneras' deben transmitirse durante las campañas? El 58% de los mexicanos dice que sí", *El Financiero*, 25 de enero. Consultado en https://www.elfinanciero.com.mx/nacional/las-mananeras-deben-transmitirse-durante-las-campanas-el-58-de-los-mexicanos-dice-que-si/.

Moreno, Alejandro (2021b). "Inseguridad y economía 'destronan' al covid: ya es la principal preocupación de las y los mexicanos", *El Financiero*, 23 de abril. https://www.elfinanciero.com.mx/nacional/2021/04/23/inseguridad-y-economia-destronan-al-covid-ya-es-la-principal-preocupacion-de-las-y-los-mexicanos/.

Navarro, Andrea (2021). "México tiene la mayor tasa de mortalidad por covid de América Latina; supera a Panamá y Perú", *El Financiero*, 9 de febrero. Consultado en https://www.elfinanciero.com.mx/nacional/mexico-tiene-la-mayor-tasa-de-mortalidad-por-covid-de-america-latina/.

Nyhan, Brendan *et al.* (2019). "Taking Fact-Checks Literally but not Seriously? The Effects of Journalistic Fact-Checking on Factual Beliefs and Candidate Favorability", *Political Behavior*, núm. 42, pp. 939-960.

Organización Mundial de la Salud (2020a). "Covax: colaboración para un acceso equitativo mundial a las vacunas contra la covid-19", Organización Mundial de la Salud, 3 de septiembre.

Consultado en https://www.who.int/es/initiatives/act-accelerator/covax.

Organización Mundial de la Salud (2020b). "Panel de control de coronavirus (covid-19)", Organización Mundial de la Salud, 30 noviembre de 2021. Consultado en https://covid19.who.int/table.

Partido Acción Nacional (2021). "Va por México presenta ante la OEA sus preocupaciones por la intromisión del crimen organizado en las elecciones y la persecución de opositores", Partido Acción Nacional, 23 de agosto. Consultado en https://www.pan.org.mx/prensa/va-por-mexico-presenta-ante-la-oea-sus-preocupaciones-por-la-intromision-del-crimen-organizado-en-las-elecciones-y-la-persecucion-de-opositores.

Popper, Karl (1991). *Conjeturas y refutaciones: el desarrollo del conocimiento científico*, Buenos Aires, Arg., Paidós Ibérica.

Pradilla, Alberto (2021). "Farmacéuticas incluyeron cláusulas para evitar la transparencia de los contratos de vacunas anticovid", *Animal Político*, 8 de febrero. Consultado en https://www.animalpolitico.com/2021/02/farmaceuticas-clausulas-transparencia-contratos-vacunas-covid/.

Prior, Markus (2007). *Post-Broadcast Democracy: How Media Choice Increases Inequality in Political Involvement and Polarizes Elections*, Cambridge Studies in Public Opinion and Political Psychology, Cambridge, Cambridge University Press.

Proceso (2021). "México, el segundo peor país en *ranking* de 98 naciones en manejo de la pandemia", *Proceso*, 28 de enero. Consultado en https://www.proceso.com.mx/nacional/2021/1/28/

mexico-el-segundo-peor-pais-en-ranking-de-98-naciones-en-ma-nejo-de-la-pandemia-257172.html.

Ramos, Rolando (2020). "AMLO ganaría referéndum y elecciones presidenciales, una vez más", *El Economista*, 30 de noviembre. Consultado en https://www.eleconomista.com.mx/politica/Ga-naria-referendum-y-elecciones-presidenciales-AMLO-una-vez-mas-20201129-0083.html.

Reforma y Mexicanos Contra la Corrupción y la Impunidad (2021). "Tercera Encuesta Nacional sobre Corrupción e Impunidad", Mexicanos Contra la Corrupción y la Impunidad, marzo 2021. Consultado en https://contralacorrupcion.mx/tercera-encues-ta-nacional-sobre-corrupcion-e-impunidad/.

Saleh, Nivien (2009). "Philosophical Pitfalls: The Methods Debate in American Political Science", *The Journal of Integrated Social Sciences*, vol. 1, núm. 1, 2000.

Smith, B. Lannes (2021). *Propaganda*. Consultado en https://www.britannica.com/topic/propaganda.

Stelter, Brian (2020). *Hoax: Donald Trump, Fox News, and the Dangerous Distortion of Truth*, Nueva York, Atria/One Signal Publishers.

Tejado, Javier (2019). "La 4T hunde la TV Pública", *El Universal*, 16 de abril. Consultado en https://www.eluniversal.com.mx/co-lumna/javier-tejado-donde/cartera/la-4t-hunde-la-tv-publica.

Tufte, Edward (1975). "Determinants of the Outcomes of Midterm Congressional Elections." *American Political Science Review*, núm. 69, septiembre.

TuLotero (2020). El Gordo de Navidad. Consultado en https://tulo-tero.mx/gordo/.

Valadez, Blanca (2021). "México, primer lugar de AL con más muertes de personal de salud por covid: experto", *Milenio*, 24 de enero. Consultado en https://www.milenio.com/politica/mexico-primer-lugar-de-al-en-muertes-de-personal-medico-por-covid.

Vox (2020). "Why Fighting the Coronavirus Depends on You", cargado el 16 de marzo. Video de YouTube. 6:29 min. Consultado en https://www.youtube.com/watch?v=dSQztKXR6k0.

Waisbord, Silvio y Adriana Amado (2017). "Populist Communication by Digital Means: Presidential Twitter in Latin America", *Information, Communication & Society*, núm. 20, vol. 9, pp. 1330-1346.

Ximénez-Fyvie, Laurie Ann (2021). *Un daño irreparable: La criminal gestión de la pandemia en México*, México, Planeta.

Agradecimientos

Desde el primer día, y hasta hoy, analizar cada una de las conferencias de prensa del presidente López Obrador ha sido un esfuerzo colectivo. Agradezco siempre al equipo SPIN: María José Jiménez, Juan Ramón Moreno, Melissa C. Ponce, Paula Santoyo y, en especial, a Samara Fernández, Sergio Negrete, Maribel Rivacoba y Daniela Sánchez. Nuestro trabajo, único e inédito, ha normado criterio y sentado precedente. Estamos orgullosos de ello.

Agradezco, especialmente, el espacio que las comunicadoras y los comunicadores han abierto al análisis de SPIN en sus noticieros, podcasts y programas de opinión en radio y televisión, así como en sus columnas y sus notas periodísticas. Es un privilegio compartir con ellas y ellos la vocación noticiosa por la verdad.

Entender qué sucedía dentro de las conferencias sería imposible sin las experiencias compartidas por las y los periodistas

que asisten cada madrugada a Palacio. Saben que les agradezco su confianza y su tiempo.

El interés, dedicación y guía que, desde un inicio, Juan Carlos Ortega y Penguin Random House depositaron en *El imperio de los otros datos* fueron decisivos. Gracias por confiar en
nosotros y permitirnos estar en su vitrina.

Ciudad de México, 2022.

El imperio de los otros datos de Luis Estrada
se terminó de imprimir en marzo de 2022
en los talleres de
Litográfica Ingramex, S.A. de C.V.
Centeno 162-1, Col. Granjas Esmeralda, C.P. 09810
Ciudad de México.